目次

※（　）の中の漢字はできかたについて説明しています。

本書《ほんしょ》の特長《とくちょう》と使《つか》い方《かた》

あなたは漢字《かんじ》が好《す》きですか？　本書《ほんしょ》は次《つぎ》の四《よっ》つの特長《とくちょう》で、漢字《かんじ》をしっかり学《まな》べるように工夫《くふう》しました。

●例文《れいぶん》の中《なか》で漢字《かんじ》の使《つか》い方《かた》を理解《りかい》できます

漢字《かんじ》は二字以上《にじいじょう》組《く》み合《あ》わせて（熟語《じゅくご》）使《つか》われることが多《おお》いですし、文章《ぶんしょう》の中《なか》で使《つか》えるようにならなければなりません。

この本《ほん》は、その学年《がくねん》で勉強《べんきょう》する漢字《かんじ》を五十《ごじゅう》の例文《れいぶん》の中《なか》に全《ぜん》部《ぶ》入《い》れています。また、例文《れいぶん》は、理科《りか》の勉強《べんきょう》や社会科《しゃかいか》の知識《ちしき》も入《い》れています。わからない言葉《ことば》（熟語《じゅくご》）が出《で》てきたら、国《こく》語辞典《ごじてん》で調《しら》べてみてください。知識《ちしき》がどんどん広《ひろ》がります。

例文《れいぶん》を読《よ》んだり、漢字《かんじ》を書《か》いたりするうちに賢《かしこ》くなっている自分《じぶん》に気《き》がつくでしょう。

●五《いつ》つの例文《れいぶん》を徹底反復学習《てっていはんぷくがくしゅう》で無理《むり》なく定着《ていちゃく》させます

漢字《かんじ》は一度《いちど》書《か》いたり、読《よ》んだりしただけでは覚《おぼ》えられません。この本《ほん》では五《いつ》つの例文《れいぶん》を「三回読《さんかいよ》み」「なぞり」「読《よ》みがな」「解説《かいせつ》」「難《むずか》しい文字《もじ》の書《か》き取《と》り（二回《にかい》）」「全文書《ぜんぶんか》き取《と》り（二回《にかい》）」の順《じゅん》に繰《く》り返《かえ》し練習《れんしゅう》するようにしていますので、無《む》理《り》なく学習《がくしゅう》を進《すす》めることができます。

本書《ほんしょ》はページの順《じゅん》に以下《いか》の使《つか》い方《かた》をしてください。

① 例文《れいぶん》を三回《さんかい》読《よ》む。まず、漢字《かんじ》を読《よ》めるようになりましょう。

② 漢字《かんじ》をなぞる。漢字《かんじ》をなぞりながら、漢字《かんじ》の形《かたち》・読《よ》み方《かた》を確《たし》かめましょう。

③ 読《よ》みがなを書《か》く。漢字《かんじ》が読《よ》めるようになったかを確《たし》かめましょう。

④ 古代文字《こだいもじ》などを楽《たの》しみましょう。古代文字《こだいもじ》やイラストなどの説明《せつめい》を読《よ》んで、漢字《かんじ》のでき方《かた》などを知《し》りましょう。

⑤ 漢字《かんじ》を書《か》く。ちゃんと漢字《かんじ》の形《かたち》を覚《おぼ》えたか確《たし》かめましょう。

⑥ この本《ほん》の終《お》わりに、学年《がくねん》の漢字《かんじ》を全部《ぜんぶ》使《つか》ったテストがあります。そのテストで実力《じつりょく》を確認《かくにん》しましょう。

●手書《てが》き文字《もじ》がお手本《てほん》になります

この本《ほん》では活字《かつじ》ではなく、実際《じっさい》に書《か》くときにお手本《てほん》になるような文字《もじ》を使《つか》っています。なぞったり、見本《みほん》の文字《もじ》として活用《かつよう》してください。

●古代文字《こだいもじ》の解説《かいせつ》があります

漢字《かんじ》は、三千年《さんぜんねん》以上《いじょう》も前《まえ》に中国《ちゅうごく》で作《つく》られました。そして、今《いま》も日本《にほん》や中国《ちゅうごく》で使《つか》われています。漢字《かんじ》は長《なが》い間《あいだ》使《つか》っているうちに、書《か》きやすい字《じ》、速《はや》く書《か》ける字《じ》、美《うつく》しい字《じ》がいろいろ発明《はつめい》されてきました。そうやって、だんだんと字《じ》の形《かたち》が変《か》わってきました。

漢字《かんじ》を勉強《べんきょう》しているあなたに、古代文字《こだいもじ》にふれてもらって、漢字《かんじ》がさらに好《す》きになってもらいたいなと思《おも》って、「漢字《かんじ》のでき方《かた》」のページを作《つく》りました。

「いぬ」の漢字《かんじ》を見《み》てみましょう。古代文字《こだいもじ》では「」と書《か》きました。犬《いぬ》の形《かたち》がよくわかります。でも、今《いま》の「犬《いぬ》」の方《ほう》が書《か》きやすいですね。「やま」も「」や「」（二字《にじ》とも古代文字《こだいもじ》）より「山《やま》」が書《か》きやすいでしょう。漢字《かんじ》も一字《いちじ》一字《いちじ》、意味《いみ》や読《よ》み方《かた》、書《か》き方《かた》を覚《おぼ》えるための練習《れんしゅう》がとても大事《だいじ》ですが、ときどき、昔《むかし》の字《じ》はどんな形《かたち》だったのだろうと考《かんが》えてみてください。きっと漢字《かんじ》の勉強《べんきょう》が今《いま》までよりもっと楽《たの》しくなりますよ。

桝谷《ますや》　雄三《ゆうぞう》

＊本書の例文は『スピード学習漢字プリント』（桝谷雄三著・フォーラム・A　二〇〇九年）の例文を再編集致しました。

四年生で習う漢字の例文 ①～⑫

① **熊**《くま》や**鹿**《しか》は、一**帯**《いったい》の**低**《ひく》い木《き》を大**量**《たいりょう》に**折**《お》った。

② **努**力《どりょく》の**結果**《けっか》、**印刷機械**《いんさつきかい》の**改良**《かいりょう》が進《すす》んだ。

③ 直**径**《ちょっけい》の大《おお》きい**望**遠**鏡**《ぼうえんきょう》で、鳥《とり》の**巣**《す》を見《み》た。

④ **児**童会《じどうかい》の会**議**《かいぎ》の**司**会《しかい》をした。

⑤ 大**臣**《だいじん》は、**特別便**《とくべつびん》の**飛**行**機**《ひこうき》で**英**国《えいこく》へ行《い》った。

⑥ 人**民**《じんみん》は**勇**気《ゆうき》を出《だ》して、**軍**《ぐん》の**建**物《たてもの》に入《はい》った。

⑦ 通**信**指**令**室《つうしんしれいしつ》から**隊**員《たいいん》に**連**《れん》らくした。

⑧ **副官**《ふくかん》は、**愛**《あい》する**兵士**《へいし》に**別**《わか》れをつげた。

⑨ **衣類**《いるい》の**包**《つつ》みは、**案**外《あんがい》重《おも》かった。

⑩ 名**札**《なふだ》には、**氏**名《しめい》を書《か》く**約束**《やくそく》だ。

⑪ **徒競**走《ときょうそう》に**参加**《さんか》し、一**位**《いちい》になった。

⑫ **滋賀**県《しがけん》には日本《(にほん)にっぽん》一《いち》のびわ湖《こ》がある。

※太い字は四年生で習う漢字です。

四年生で習う漢字の例文⑬～㉔

⑬ **試験管**《しけんかん》に水《みず》と食**塩**《しょくえん》を入《い》れて**熱**《ねつ》を**加**《くわ》えた。

⑭ **関**西各地《かんさいかくち》の旅行記《りょこうき》を**続**《つづ》けて読《よ》んだ。

⑮ **季節**《きせつ》によって野**菜**《やさい》の**産**地《さんち》が**変**《か》わる。

⑯ **老**人《ろうじん》は、**孫**《まご》と**共**《とも》にご**飯**《はん》と**梨**《なし》を食《た》べた。

⑰ ぶりの**照**《て》り**焼**《や》きを食**器**《しょっき》にのせる。

⑱ 南**極**《なんきょく》の**固**《かた》い氷《こおり》に**旗**《はた》を立《た》てるのに**成功**《せいこう》した。

⑲ 目**的**地《もくてきち》の新**潟**《にいがた》は**好**天気《こうてんき》だ。

⑳ 合**唱**《がっしょう》をした**仲**間《なかま》は**最低**《さいてい》のできだと**泣**《な》いた。

㉑ **夫**《おっと》は、**祝**日《しゅくじつ》には**例**外《れいがい》なく**散**歩《さんぽ》する。

㉒ 友**達**《ともだち》の**失敗**《しっぱい》を**笑**《わら》い、反**省**《はんせい》している。

㉓ **倉**庫《そうこ》の**周辺**《しゅうへん》に、**松**《まつ》と**梅**《うめ》の木《き》がある。

㉔ 今月**末**《こんげつまつ》は、学**芸**会《がくげいかい》と**卒**業生《そつぎょうせい》を**祝**《いわ》う会《かい》だ。

※太い字は四年生で習う漢字です。

四年生で習う漢字の例文 ㉕～㊲

㉕ **必要**《ひつよう》なお金《かね》は、**利**子《りし》を**付**《つ》けてわたす。

㉖ 海**辺**《うみべ》の自**然観察**《しぜんかんさつ》の記**録**《きろく》が**完成**《かんせい》した。

㉗ その生**産案**《せいさんあん》では、目**標達成**《もくひょうたっせい》は**無**理《むり》だ。

㉘ **沖縄**《おきなわ》の**博**物館《はくぶつかん》で、**戦争**《せんそう》について調《しら》べた。

㉙ **初**《はじ》めと方**法**《ほうほう》は**変**《か》わったが、目**標**《もくひょう》は**不変**《ふへん》だ。

㉚ 発**熱**《はつねつ》で五人《ごにん》も**欠席**《けっせき》したので**静**《しず》かだった。

㉛ 放**課**後《ほうかご》**残**《のこ》って、**訓**読《くんよ》みを**辞典**《じてん》で調《しら》べた。

㉜ 大**阪府**《おおさかふ》と**奈良**県**郡**部《ならけんぐんぶ》の**伝説**《でんせつ》を**覚**《おぼ》えた。

㉝ **街灯**《がいとう》を作《つく》る**労働**《ろうどう》によって、**給料**《きゅうりょう》をもらう。

㉞ 福**岡**《ふくおか》、**佐賀**《さが》は九州《きゅうしゅう》のとなり合《あ》った県《けん》。

㉟ **浅**《あさ》い**清**流《せいりゅう》のある**牧**場《ぼくじょう》の風**景**《ふうけい》が**好**《す》きだ。

㊱ **兆**《ちょう》の**単位未満**《たんいみまん》は切《き》りすて、**積**《せき》を**求**《もと》める。

㊲ **連**《つら》なった山《やま》の東西《とうざい》で気**候**《きこう》が**変**《か》わる。

※太い字は四年生で習う漢字です。

四年生で習う漢字の例文㊳～㊿

㊳ **借**《か》りた**材料**《ざいりょう》を順《じゅん》に両**側**《りょうがわ》に**置**《お》いた。

㊴ **選挙**《せんきょ》では、**票**《ひょう》の多《おお》い人《ひと》が**選**《えら》ばれる。

㊵ **香**川《かがわ》、**徳**島《とくしま》、**愛媛**《えひめ》、高知《こうち》は四国《しこく》の県《けん》。

㊶ **茨城**県《いばらきけん》**漁協**《ぎょきょう》は**冷**《れい》とう**貨**車《かしゃ》に魚**類**《ぎょるい》を**積**《つ》んだ。

㊷ 福**井**《ふくい》、**富**山《とやま》は北**陸**《ほくりく》にある。

㊸ **念願**《ねんがん》通《どお》り、**希望**《きぼう》の学校《がっこう》に受《う》かった。

㊹ **岐阜**県《ぎふけん》の**輪**中《わじゅう》は、水**害**《すいがい》から町《まち》を守《まも》った。

㊺ **昨**年《さくねん》**以**来《いらい》、**栄養不**足《えいようぶそく》で**健康**《けんこう》でない。

㊻ その自**治**体《じちたい》は、何百**億**円《なんびゃくおくえん》もの**借**金《しゃっきん》がある。

㊼ 太陽《たいよう》の光《ひかり》を**浴**《あ》びて、**種**《たね》から**芽**《め》が出《で》た。

㊽ **積極的**《せっきょくてき》な**協**力《きょうりょく》があったが、大**差**《たいさ》で**敗**《やぶ》れた。

㊾ **埼**玉《さいたま》、**栃**木《とちぎ》、**群**馬《ぐんま》は海《うみ》のない県《けん》だ。

㊿ 長**崎**県《ながさきけん》**沖**《おき》の大**陸**《たいりく》だなの海**底**《かいてい》を調《しら》べる。

※太い字は四年生で習う漢字です。

例文 ①〜⑤

文を三回読みましょう

① 熊《くま》や鹿《しか》は、一《いっ》帯《たい》の低《ひく》い木《き》を大《たい》量《りょう》に折《お》った。

② 努《ど》力《りょく》の結《けっ》果《か》、印《いん》刷《さつ》機《き》械《かい》の改《かい》良《りょう》が進《すす》んだ。

③ 直《ちょっ》径《けい》の大《おお》きい望《ぼう》遠《えん》鏡《きょう》で、鳥《とり》の巣《す》を見《み》た。

④ 児《じ》童《どう》会《かい》の会《かい》議《ぎ》の司《し》会《かい》をした。

⑤ 大《だい》臣《じん》は、特《とく》別《べつ》便《びん》の飛《ひ》行《こう》機《き》で英《えい》国《こく》へ行《い》った。

名前

月　日

例文①～⑤

漢字をていねいになぞりましょう

名前

月　日

①　熊《くま》や鹿《しか》は、一帯《いったい》の低《ひく》い木を大量《たいりょう》に折《お》った。

②　努力《どりょく》の結果《けっか》、印刷機械《いんさつきかい》の改良《かいりょう》が進《すす》んだ。

③　直径《ちょっけい》の大きい望遠鏡《ぼうえんきょう》で、鳥の巣《す》を見た。

④　児童会《じどうかい》の会議《かいぎ》の司会《しかい》をした。

⑤　大臣《だいじん》は、特別便《とくべつびん》の飛行機《ひこうき》で英国《えいこく》へ行った。

例文①〜⑤

漢字に読みがなをつけましょう

名前

月　日

（答え⬇7ページ）

① 熊（　）や鹿（　）は、一帯（　）の低（　）い木を大量（　）に折（　）った。

② 努力（　）の結果（　）、印刷機械（　）の改良（　）が進（　）んだ。

③ 直径（　）の大きい望遠鏡（　）で、鳥の巣（　）を見た。

④ 児童会（　）の会議（　）の司会（　）をした。

⑤ 大臣（　）は、特別便（　）の飛行機（　）で英国（　）へ行った。

例文①〜⑤

漢字のでき方を読みましょう

名前

月　日

果

は-たす　は-て　カ

使《つか》い果《は》たす　世界《せかい》の果《は》て　果実《かじつ》

木の上に実《み》がある形《かたち》。木が生長《せいちょう》を果《は》たして、果実《かじつ》がとれる。

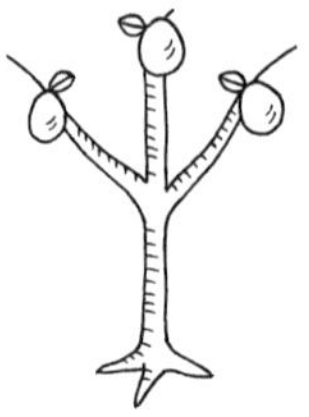

巣

す（ソウ）　巣箱《すばこ》

木の上の鳥《とり》の巣《す》にひながいる形《かたち》。

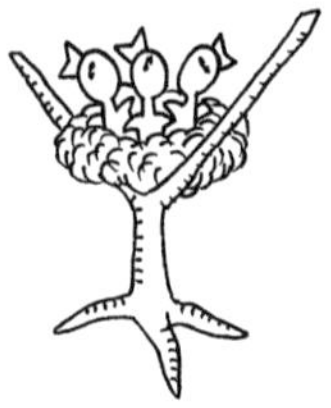

児

ジ

児童《じどう》　※鹿児島県《かごしまけん》

昔《むかし》の子どもの髪形《かみがた》と人の形《かたち》からできた字。「子ども」の意味《いみ》。

飛

と-ぶ　ヒ

空《そら》を飛《と》ぶ　飛行機《ひこうき》

鳥《とり》が飛《と》ぶ形《かたち》。

例文①〜⑤

漢字の練習をしましょう

名前　　　　月　　日

（答え➡7ページ）

① 熊《くま》や鹿《しか》は、一《いっ》帯《たい》の□《ひく》い木を□《たい》□《りょう》に折《お》った。

② □《ど》□《りょく》の結《けっ》果《か》、□《いん》□《さつ》機《き》械《かい》の改《かい》良《りょう》が□《すす》んだ。

③ □《ちょっ》□《けい》の大きい望《ぼう》遠《えん》鏡《きょう》で、鳥の巣《す》を見た。

④ 児《じ》童《どう》会《かい》の会《かい》議《ぎ》の□《し》□《かい》をした。

⑤ □《だい》□《じん》は、特《とく》別《べつ》便《びん》の飛《ひ》行《こう》機《き》で□《えい》□《こく》へ行った。

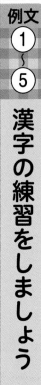

例文①〜⑤

漢字の練習をしましょう

（答え➡7ページ）

名前

月　日

① □《くま》や□《しか》は、□《いっ》□《たい》の低《ひく》い木を大《たい》量《りょう》に□《お》った。

② 努《ど》力《りょく》の□《けっ》□《か》、印《いん》刷《さつ》□《き》□《かい》の□《かい》□《りょう》が□《すす》んだ。

③ 直《ちょっ》径《けい》の大きい□《ぼう》□《えん》□《きょう》で、鳥の□《す》を見た。

④ □《じ》□《どう》□《かい》の□《かい》□《ぎ》の司《し》会《かい》をした。

⑤ 大《だい》臣《じん》は、□《とく》□《べつ》□《びん》の□《ひ》□《こう》□《き》で英《えい》国《こく》へ行った。

例文①〜⑤ 漢字を書きましょう

名前

月　日

（答え➡7ページ）

① □《くま》や□《しか》は、□《いっ》□《たい》の□《ひく》い木を□《たい》□《りょう》に□《お》った。

② □《ど》□《りょく》の□《けっ》□《か》、□《いん》□《さつ》□《き》□《かい》の□《かい》□《りょう》が□《すす》んだ。

③ □《ちょっ》□《けい》の大きい□《ぼう》□《えん》□《きょう》で、鳥の□《す》を見た。

④ □《じ》□《どう》□《かい》の□《かい》□《ぎ》の□《し》□《かい》をした。

⑤ □《だい》□《じん》は、□《とく》□《べつ》□《びん》の□《ひ》□《こう》□《き》で□《えい》□《こく》へ行った。

例文①〜⑤

漢字を書きましょう

名前

月　日

（答え⬇7ページ）

① □《くま》や□《しか》は、□《いっ》□《たい》の□《ひく》い木を□《たい》□《りょう》に□《お》った。

② □《ど》□《りょく》の□《けっ》□《か》、□《いん》□《さつ》□《き》□《かい》の□《かい》□《りょう》が□《すす》んだ。

③ □《ちょっ》□《けい》の大きい□《ぼう》□《えん》□《きょう》で、鳥の□《す》を見た。

④ □《じ》□《どう》□《かい》の□《かい》□《ぎ》の□《し》□《かい》をした。

⑤ □《だい》□《じん》は、□《とく》□《べつ》□《びん》の□《ひ》□《こう》□《き》で□《えい》□《こく》へ行った。

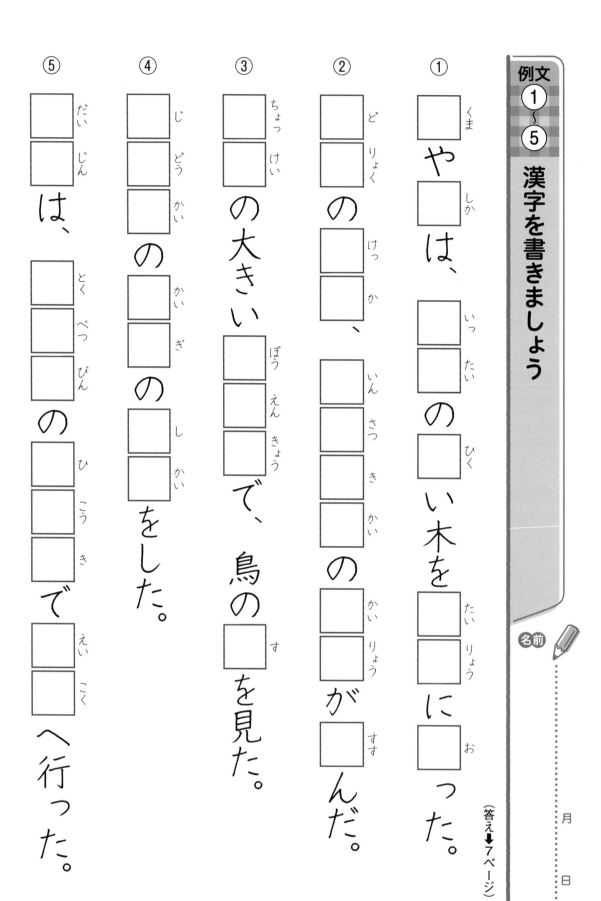

月 日

⑥ 人民は勇気を出して、軍の建物に入った。

⑦ 通信指令室から隊員に連らくした。

⑧ 副官は、愛する兵士に別れをつげた。

⑨ 衣類の包みは、案外重かった。

⑩ 名札には、氏名を書く約束だ。

— 15 —

例文⑥～⑩

漢字をていねいになぞりましょう

名前　　　月　　日

⑥ 人《じん》民《みん》は勇《ゆう》気《き》を出して、軍《ぐん》の建《たて》物《もの》に入った。

⑦ 通《つう》信《しん》指《し》令《れい》室《しつ》から隊《たい》員《いん》に連《れん》らくした。

⑧ 副《ふく》官《かん》は、愛《あい》する兵《へい》士《し》に別《わか》れをつげた。

⑨ 衣《い》類《るい》の包《つつ》みは、案《あん》外《がい》重《おも》かった。

⑩ 名《な》札《ふだ》には、氏《し》名《めい》を書く約《やく》束《そく》だ。

例文 ⑥〜⑩

漢字に読みがなをつけましょう

（答え➡15ページ）

名前

月　日

⑥ 人民は勇気を出して、軍の建物に入った。

⑦ 通信指令室から隊員に連らくした。

⑧ 副官は、愛する兵士《し》に別れをつげた。

⑨ 衣類の包みは、案外重かった。

⑩ 名札には、氏名を書く約束だ。

例文⑥～⑩ 漢字のでき方を読みましょう

名前

月　日

軍

グン

軍隊《ぐんたい》

車（昔《むかし》の戦車《せんしゃ》）の上に旗《はた》がなびいている形《かたち》。その車に将軍《しょうぐん》が乗《の》って、戦《いくさ》の指図《さしず》をした。

令

レイ

命令《めいれい》

儀式用《ぎしきよう》のぼうしをかぶり、ひざをついて神《かみ》のお告《つ》げを聞《き》いている人。口をつけると「命《いのち》」になる。令・冷・齢は「レイ」と読《よ》む。

兵

ヘイ　ヒョウ

兵隊《へいたい》　兵庫県《ひょうごけん》

「斤《きん》」と「廾」を合《あ》わせた字。「斤《きん》」はおので、「廾」は左右の手。

衣

（ころも）　イ

衣服《いふく》

えりを合《あ》わせた衣《ころも》（服《ふく》）の形《かたち》。

氏

シ

氏名《しめい》

取《と》っ手《て》のある小さい刀《かたな》の形《かたち》。昔《むかし》は先祖《せんぞ》を供養《くよう》したあと、宴会《えんかい》をした。そのときに肉《にく》を分《わ》けるのに使《つか》う刀《かたな》のこと。そこに集《あつ》まる人を氏族《しぞく》といった。

例文⑥〜⑩ 漢字の練習をしましょう

名前

月　日

（答え➡15ページ）

⑥ □《じん》□《みん》は勇《ゆう》気《き》を出して、□《ぐん》の建《たて》物《もの》に入った。

⑦ □《つう》□《しん》指《し》令《れい》室《しつ》から隊《たい》員《いん》に□《れん》らくした。

⑧ 副《ふく》官《かん》は、愛《あい》する□《へい》士《し》に□《わか》れをつげた。

⑨ 衣《い》類《るい》の包《つつ》みは、□《あん》□《がい》□《おも》かった。

⑩ □《な》□《ふだ》には、氏《し》名《めい》を書く約《やく》束《そく》だ。

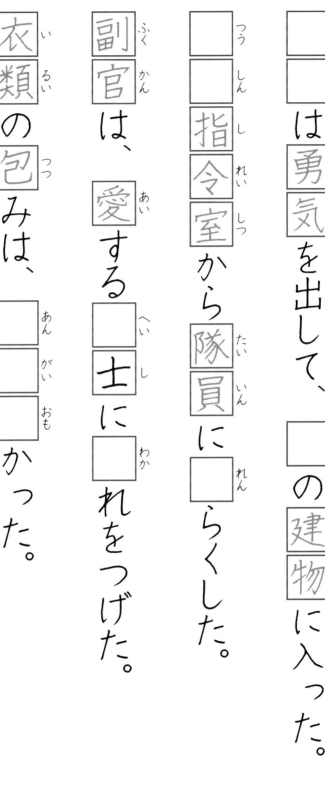

例文⑥～⑩ 漢字の練習をしましょう

名前

月　日

（答え➡15ページ）

⑥ 人《じん》民《みん》は□《ゆう》□《き》を出して、軍《ぐん》の□《たて》□《もの》に入った。

⑦ 通《つう》信《しん》□《し》□《れい》□《しつ》から□《たい》□《いん》に連《れん》らくした。

⑧ □《ふく》□《かん》は、□《あい》する兵《へい》士《し》に別《わか》れをつげた。

⑨ □《い》□《るい》の□《つつ》みは、案《あん》外《がい》重《おも》かった。

⑩ 名《な》札《ふだ》には、□《し》□《めい》を書く□《やく》□《そく》だ。

例文⑥〜⑩ 漢字を書きましょう

名前　　月　　日

（答え⬇15ページ）

⑥ □《じん》□《みん》は□《ゆう》□《き》を出して、□《ぐん》の□《たて》□《もの》に入った。

⑦ □《つう》□《しん》□《し》□《れい》□《しつ》から□《たい》□《いん》に□《れん》らくした。

⑧ □《ふく》□《かん》は、□《あい》する□《へい》士《し》に□《わか》れをつげた。

⑨ □《い》□《るい》の□《つつ》みは、□《あん》□《がい》□《おも》かった。

⑩ □《な》□《ふだ》には、□《し》□《めい》を書く□《やく》□《そく》だ。

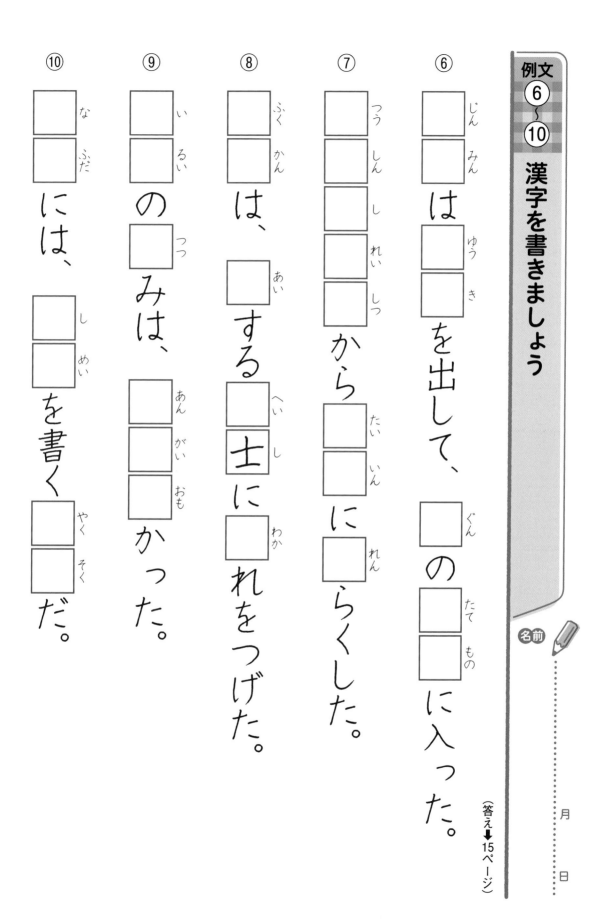

例文⑥〜⑩ 漢字を書きましょう

名前

月　日

（答え➡15ページ）

⑥ □《じん》□《みん》は□《ゆう》□《き》を出して、□《ぐん》の□《たて》□《もの》に入った。

⑦ □《つう》□《しん》□《し》□《れい》□《しつ》から□《たい》□《いん》に□《れん》らくした。

⑧ □《ふく》□《かん》は、□《あい》する□《へい》士《し》に□《わか》れをつげた。

⑨ □《い》□《るい》の□《つつ》みは、□《あん》□《がい》□《おも》かった。

⑩ □《な》□《ふだ》には、□《し》□《めい》を書く□《やく》□《そく》だ。

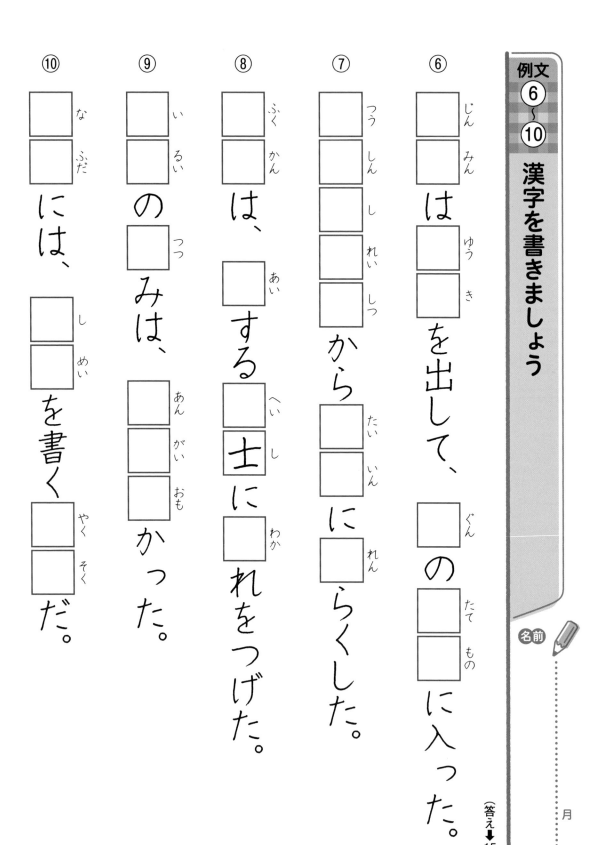

例文⑪〜⑮ 文を三回読みましょう

名前

月　日

⑪ 徒《と》競《きょう》走《そう》に参《さん》加《か》し、一《いち》位《い》になった。

⑫ 滋《し》賀《が》県《けん》には日本《にっぽん(にほん)》一《いち》のびわ湖《こ》がある。

⑬ 試《し》験《けん》管《かん》に水《みず》と食《しょく》塩《えん》を入《い》れて熱《ねつ》を加《くわ》えた。

⑭ 関《かん》西《さい》各《かく》地《ち》の旅《りょ》行《こう》記《き》を続《つづ》けて読《よ》んだ。

⑮ 季《き》節《せつ》によって野《や》菜《さい》の産《さん》地《ち》が変《か》わる。

例文⑪〜⑮ 漢字をていねいになぞりましょう

名前

月　日

⑪ 徒《と》競《きょう》走《そう》に参《さん》加《か》し、一《いち》位《い》になった。

⑫ 滋《し》賀《が》県《けん》には日本一のびわ湖《こ》がある。

⑬ 試《し》験《けん》管《かん》に水と食《しょく》塩《えん》を入れて熱《ねつ》を加《くわ》えた。

⑭ 関《かん》西《さい》各《かく》地《ち》の旅《りょ》行《こう》記《き》を続《つづ》けて読んだ。

⑮ 季《き》節《せつ》によって野《や》菜《さい》の産《さん》地《ち》が変《か》わる。

例文⑪〜⑮ 漢字に読みがなをつけましょう

名前

月　日

（答え⬇23ページ）

⑪ 徒競走に参加し、一位になった。

⑫ 滋賀県には日本一のびわ湖がある。

⑬ 試験管に水と食塩を入れて熱を加えた。

⑭ 関西各地の旅行記を続けて読んだ。

⑮ 季節によって野菜の産地が変わる。

例文 ⑪～⑮ 漢字のでき方を読みましょう

名前

月　日

位

くらい　イ

位《くらい》が高《たか》い　首位《しゅい》

人＋立。人が決《き》まった場所《ばしょ》（位《くらい》）に立つ形《かたち》。

賀

ガ

年賀状《ねんがじょう》　佐賀県《さがけん》　滋賀県《しがけん》

加《か》＋貝。すき（力＝力）と神《かみ》へのいのりの文を入れた箱《はこ》（𠙵）を供《そな》えて、すきをはらい清《きよ》め、虫の害《がい》を防《ふせ》ぐ儀式《ぎしき》を表《あらわ》す。貝は生産力《せいさんりょく》を表《あらわ》し、「祝《いわ》う・喜《よろこ》ぶ」の意味《いみ》に使《つか》う。

加

くわ-える　カ

書《か》き加《くわ》える　参加《さんか》

力＋口。すき（力＝力）の前《まえ》に神《かみ》へのいのりの文を入れた箱《はこ》（𠙵）を置《お》いた形《かたち》。すきなどの農具《のうぐ》を使《つか》う前《まえ》に神《かみ》にいのり、はらい清《きよ》めて使《つか》うとしゅうかくが「増加《ぞうか》」すると信《しん》じられていた。

各

カク

各自《かくじ》

夂＋口。夂は足あとをさかさにした形《かたち》で「下りてくること」を表《あらわ》す。𠙵（神《かみ》へのいのりの文を入れた箱《はこ》）を置《お》いて神《かみ》にいのって、神《かみ》が一人下りてくること。それで、「ひとりひとり・おのおの」という意味《いみ》。

季

キ

季節《きせつ》

禾《いね》＋子。稲《いね》（禾《いね》）の精《せい》の格好《かっこう》をして、豊作《ほうさく》をいのるおどりをする子。のちに季節《きせつ》、春季《しゅんき》（春《はる》の季節《きせつ》）など「とき」を表《あらわ》すようになった。

例文⑪～⑮ 漢字の練習をしましょう

名前

月　日

（答え➡23ページ）

⑪ 徒《と》競《きょう》走《そう》に□《さん》□《か》し、一《いち》位《い》になった。

⑫ 滋《し》賀《が》県《けん》には日本一のびわ□《こ》がある。

⑬ 試《し》験《けん》管《かん》に水と□《しょく》□《えん》を入れて熱《ねつ》を□《くわ》えた。

⑭ 関《かん》西《さい》□《かく》□《ち》の□《りょ》□《こう》□《き》を続《つづ》けて読んだ。

⑮ 季《き》節《せつ》によって野《や》菜《さい》の□《さん》□《ち》が□《か》わる。

例文⑪～⑮ 漢字の練習をしましょう

名前

月　日

（答え➡23ページ）

⑪ □《と》□《きょう》□《そう》に参《さん》加《か》し、□《いち》□《い》になった。

⑫ □《し》□《が》□《けん》には日本一のびわ湖《こ》がある。

⑬ □《し》□《けん》□《かん》に水と食《しょく》塩《えん》を入れて□《ねつ》を加《くわ》えた。

⑭ □《かん》□《さい》各《かく》地《ち》の□《りょ》□《こう》□《き》を□《つづ》けて読んだ。

⑮ □《き》□《せつ》によって□《や》□《さい》の産《さん》地《ち》が変《か》わる。

例文⑪〜⑮

漢字を書きましょう

名前

月　日

（答え⬇23ページ）

⑪ □《と》□《きょう》□《そう》に□《さん》□《か》し、□《いち》□《い》になった。

⑫ □《し》□《が》□《けん》には日本一のびわ□《こ》がある。

⑬ □《し》□《けん》□《かん》に水と□《しょく》□《えん》を入れて□《ねつ》を□《くわ》えた。

⑭ □《かん》□《さい》□《かく》□《ち》の□《りょ》□《こう》□《き》を□《つづ》けて読んだ。

⑮ □《き》□《せつ》によって□《や》□《さい》の□《さん》□《ち》が□《か》わる。

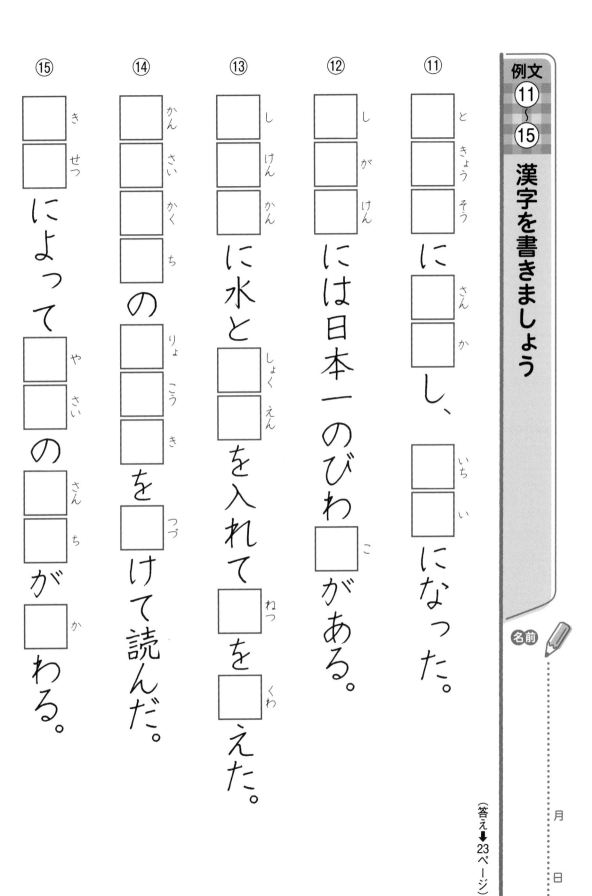

例文⑪～⑮ 漢字を書きましょう

名前

月　日

（答え⬇23ページ）

⑪ □《と》□《きょう》□《そう》に□《さん》□《か》し、□《いち》□《い》になった。

⑫ □《し》□《が》□《けん》には日本一のびわ□《こ》がある。

⑬ □《し》□《けん》□《かん》に水と□《しょく》□《えん》を入れて□《ねつ》を□《くわ》えた。

⑭ □《かん》□《さい》□《かく》□《ち》の□《りょ》□《こう》□《き》を□《つづ》けて読んだ。

⑮ □《き》□《せつ》によって□《や》□《さい》の□《さん》□《ち》が□《か》わる。

例文⑯〜⑳

文を三回読みましょう

名前

月　日

⑯ 老《ろう》人《じん》は、孫《まご》と共《とも》にご飯《はん》と梨《なし》を食《た》べた。

⑰ ぶりの照《て》り焼《や》きを食《しょっ》器《き》にのせる。

⑱ 南《なん》極《きょく》の固《かた》い氷《こおり》に旗《はた》を立《た》てるのに成《せい》功《こう》した。

⑲ 目《もく》的《てき》地《ち》の新《にい》潟《がた》は好《こう》天《てん》気《き》だ。

⑳ 合《がっ》唱《しょう》をした仲《なか》間《ま》は最《さい》低《てい》のできだと泣《な》いた。

例文⑯〜⑳ 漢字をていねいになぞりましょう

名前

月　日

⑯ 老人《ろうじん》は、孫《まご》と共《とも》にご飯《はん》と梨《なし》を食べた。

⑰ ぶりの照《て》り焼《や》きを食器《しょっき》にのせる。

⑱ 南極《なんきょく》の固《かた》い氷《こおり》に旗《はた》を立てるのに成功《せいこう》した。

⑲ 目的地《もくてきち》の新潟《にいがた》は好天気《こうてんき》だ。

⑳ 合唱《がっしょう》をした仲間《なかま》は最低《さいてい》のできだと泣《な》いた。

例文⑯〜⑳

漢字に読みがなをつけましょう

名前

月　日

（答え➡31ページ）

⑯ 老人は、孫と共にご飯と梨を食べた。

⑰ ぶりの照り焼きを食器にのせる。

⑱ 南極の固い氷に旗を立てるのに成功した。

⑲ 目的地の新潟は好天気だ。

⑳ 合唱をした仲間は最低のできだと泣いた。

例文 ⑯～⑳

漢字のでき方を読みましょう

名前

月　日

共

とも　キョウ　　共《とも》に　共通《きょうつう》

両手《りょうて》と儀式《ぎしき》で使《つか》う器《うつわ》を合《あ》わせた字。左右の手でともにささげるので「ともに・とも」という意味《いみ》。

器

キ（うつわ）　　食器《しょっき》

昔《むかし》の字をよく見ると、㗊＋犬になっている。儀式《ぎしき》のとき、𠙵を四つならべて、いけにえの犬をそなえておがんでいた。そのときの「うつわ＝器《うつわ》」を表《あらわ》す字。昔《むかし》の字は「器」で、中の字は「大」ではなく「犬」だった。

固

かた-める　かた-い　コ　　土《つち》を固《かた》める　固《かた》い石《いし》　固定《こてい》

囗＋古《こ》。𠙵（神《かみ》へのいのりの文を入れた箱《はこ》）の上にたて（敵《てき》から守《まも》るための道具《どうぐ》）を置《お》いている「古」の上にさらに囗《かこい》を置《お》いて、いのりの効果《こうか》がますます固《かた》まること。

好

この-む　す-く　コウ　　好《この》みの色《いろ》　好《す》きな歌《うた》　大好物《だいこうぶつ》

女＋子。母親《ははおや》が子どもをだいている形《かたち》。良好《りょうこう》なものを「好《この》む」ことに使《つか》われる字。

最

もっと-も　サイ　　最《もっと》も多《おお》い　最高《さいこう》

取《しゅ》は、戦争《せんそう》でたおした敵《てき》の耳を手で取《と》ること。敵《てき》の耳を一番《いちばん》たくさん取《と》った人を「最」とした。

例文⑯〜⑳ 漢字の練習をしましょう

名前

月　日

（答え➡31ページ）

⑯ □《ろう》□《じん》は、孫《まご》と□《とも》にご飯《はん》と梨《なし》を食べた。

⑰ ぶりの□《て》り□《や》きを食《しょっ》器《き》にのせる。

⑱ 南《なん》極《きょく》の□《かた》い□《こおり》に□《はた》を立てるのに成《せい》功《こう》した。

⑲ □《もく》□《てき》□《ち》の新《にい》潟《がた》は□《こう》□《てん》□《き》だ。

⑳ 合《がっ》唱《しょう》をした□《なか》□《ま》は最《さい》低《てい》のできだと□《な》いた。

例文 ⑯〜⑳

漢字の練習をしましょう

（答え➡31ページ）

名前

月　日

⑯ 老《ろう》人《じん》は、□《まご》と共《とも》にご□《はん》と□《なし》を食べた。

⑰ ぶりの照《て》り焼《や》きを□《しょっ》□《き》にのせる。

⑱ □《なん》□《きょく》の固《かた》い氷《こおり》に旗《はた》を立てるのに□《せい》□《こう》した。

⑲ 目《もく》的《てき》地《ち》の□《にい》□《がた》は好《こう》天《てん》気《き》だ。

⑳ □《がっ》□《しょう》をした仲《なか》間《ま》は□《さい》□《てい》のできだと泣《な》いた。

例文⑯〜⑳ 漢字を書きましょう

名前

月　日

（答え⬇31ページ）

⑯ □《ろう》□《じん》は、□《まご》と□《とも》にご□《はん》と□《なし》を食べた。

⑰ ぶりの□《て》り□《や》きを□《しょっ》□《き》にのせる。

⑱ □《なん》□《きょく》の□《かた》い□《こおり》に□《はた》を立てるのに□《せい》□《こう》した。

⑲ □《もく》□《てき》□《ち》の□《にい》□《がた》は□《こう》□《てん》□《き》だ。

⑳ □《がっ》□《しょう》をした□《なか》□《ま》は□《さい》□《てい》のできだと□《な》いた。

例文 16～20

漢字を書きましょう

名前

月　日

（答え⬇31ページ）

⑯ □《ろう》□《じん》は、□《まご》と□《とも》にご□《はん》と□《なし》を食べた。

⑰ ぶりの□《て》り□《や》きを□《しょっ》□《き》にのせる。

⑱ □《なん》□《きょく》の□《かた》い□《こおり》に□《はた》を立てるのに□《せい》□《こう》した。

⑲ □《もく》□《てき》□《ち》の□《にい》□《がた》は□《こう》□《てん》□《き》だ。

⑳ □《がっ》□《しょう》をした□《なか》□《ま》は□《さい》□《てい》のできだと□《な》いた。

例文
㉑～㉕

文を三回読みましょう

名前

月　日

㉑ 夫《おっと》は、祝日《しゅくじつ》には例外《れいがい》なく散歩《さんぽ》する。

㉒ 友達《ともだち》の失敗《しっぱい》を笑《わら》い、反省《はんせい》している。

㉓ 倉庫《そうこ》の周辺《しゅうへん》に、松《まつ》と梅《うめ》の木《き》がある。

㉔ 今月末《こんげつまつ》は、学芸会《がくげいかい》と卒業生《そつぎょうせい》を祝《いわ》う会《かい》だ。

㉕ 必要《ひつよう》なお金《かね》は、利子《りし》を付《つ》けてわたす。

例文㉑〜㉕

漢字をていねいになぞりましょう

名前

月　日

㉑ 夫《おっと》は、祝日《しゅくじつ》には例外《れいがい》なく散歩《さんぽ》する。

㉒ 友達《ともだち》の失敗《しっぱい》を笑《わら》い、反省《はんせい》している。

㉓ 倉庫《そうこ》の周辺《しゅうへん》に、松《まつ》と梅《うめ》の木がある。

㉔ 今月末《こんげつまつ》は、学芸会《がくげいかい》と卒業生《そつぎょうせい》を祝《いわ》う会だ。

㉕ 必要《ひつよう》なお金は、利子《りし》を付《つ》けてわたす。

例文 ㉑〜㉕

漢字に読みがなをつけましょう

名前

月　日

（答え⬇39ページ）

㉑ 夫は、祝日には例外なく散歩する。

㉒ 友達の失敗を笑い、反省している。

㉓ 倉庫の周辺に、松と梅の木がある。

㉔ 今月末は、学芸会と卒業生を祝う会だ。

㉕ 必要なお金は、利子を付けてわたす。

例文 21～25

漢字のでき方を読みましょう

名前

月　日

夫

おっと　フ　夫《おっと》と妻《つま》　農夫《のうふ》

頭《あたま》にかんざしを通《とお》している男。妻《つま》はで、頭《あたま》にさしたかんざしに手をそえている女を表《あらわ》す。着《き》かざって結婚式《けっこんしき》をしている様子《ようす》から夫《おっと》と妻《つま》の漢字《かんじ》ができた。

失

うしな-う　シツ　気《き》を失《うしな》う　失点《しってん》

手を挙《あ》げておどる人の形《かたち》。神《かみ》に仕《つか》える女の人がわれをわすれておどる様子《ようす》から「うしなう」意味《いみ》になった。

倉

くら　ソウ　米倉《こめぐら》　船倉《せんそう》

米《こめ》などを入れる倉《くら》の形《かたち》。

卒

ソツ　卒業《そつぎょう》

死者《ししゃ》の衣《ころも》のえりもとを合《あ》わせて、死者《ししゃ》のたましいがぬけ出ないようにした形《かたち》。それで、「しぬ・おわる」意味《いみ》になった。卒業《そつぎょう》は「業《ぎょう》を終《お》える」こと。

要

かなめ　ヨウ　チームの要《かなめ》　重要《じゅうよう》

腰《こし》の形《かたち》。腰《こし》は人体《じんたい》の大切《たいせつ》な部分《ぶぶん》なので「重要《じゅうよう》」の意味《いみ》。腰《こし》も「ヨウ」と読《よ》む。

例文㉑〜㉕

漢字の練習をしましょう

名前　　月　　日

（答え⬇39ページ）

㉑ □《おっと》は、祝《しゅく》日《じつ》には□《れい》□《がい》なく散《さん》歩《ぽ》する。

㉒ □《とも》□《だち》の失《しっ》敗《ぱい》を笑《わら》い、□《はん》□《せい》している。

㉓ □《そう》□《こ》の周《しゅう》辺《へん》に、松《まつ》と□《うめ》の木がある。

㉔ □《こん》□《げつ》□《まつ》は、□《がく》□《げい》□《かい》と卒《そつ》業《ぎょう》生《せい》を祝《いわ》う会だ。

㉕ 必《ひつ》要《よう》なお金は、□《り》□《し》を□《つ》けてわたす。

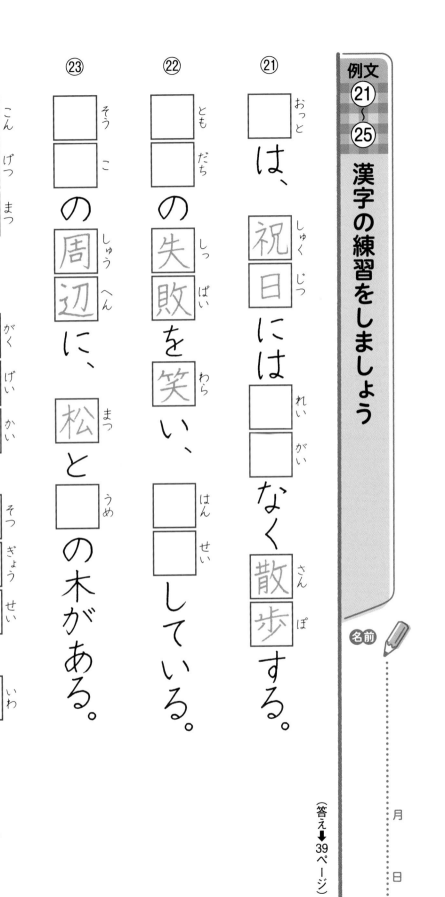

例文㉑〜㉕

漢字の練習をしましょう

名前

月　日

（答え➡39ページ）

㉑ 夫《おっと》は、□《しゅく》□《じつ》には例《れい》外《がい》なく□《さん》□《ぽ》する。

㉒ 友《とも》達《だち》の□《しっ》□《ぱい》を□《わら》い、反《はん》省《せい》している。

㉓ 倉《そう》庫《こ》の□《しゅう》□《へん》に、□《まつ》と梅《うめ》の木がある。

㉔ 今《こん》月《げつ》末《まつ》は、学《がく》芸《げい》会《かい》と□《そつ》□《ぎょう》□《せい》を□《いわ》う会だ。

㉕ □《ひつ》□《よう》なお金は、利《り》子《し》を付《つ》けてわたす。

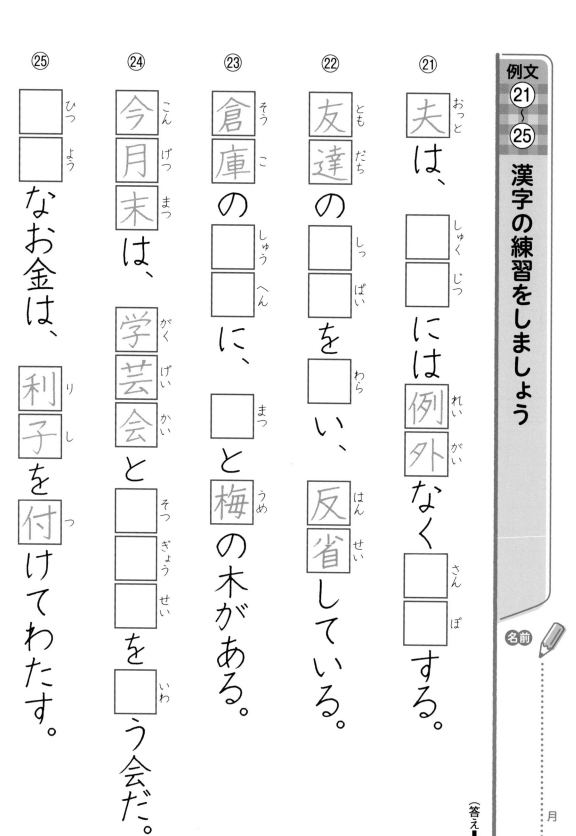

例文㉑〜㉕

漢字を書きましょう

名前

月　日

（答え➡39ページ）

㉑ □《おっと》は、□《しゅく》□《じつ》には□《れい》□《がい》なく□《さん》□《ぽ》する。

㉒ □《とも》□《だち》の□《しっ》□《ぱい》を□《わら》い、□《はん》□《せい》している。

㉓ □《そう》□《こ》の□《しゅう》□《へん》に、□《まつ》と□《うめ》の木がある。

㉔ □《こん》□《げつ》□《まつ》は、□《がく》□《げい》□《かい》と□《そつ》□《ぎょう》□《せい》を□《いわ》う会だ。

㉕ □《ひつ》□《よう》なお金は、□《り》□《し》を□《つ》けてわたす。

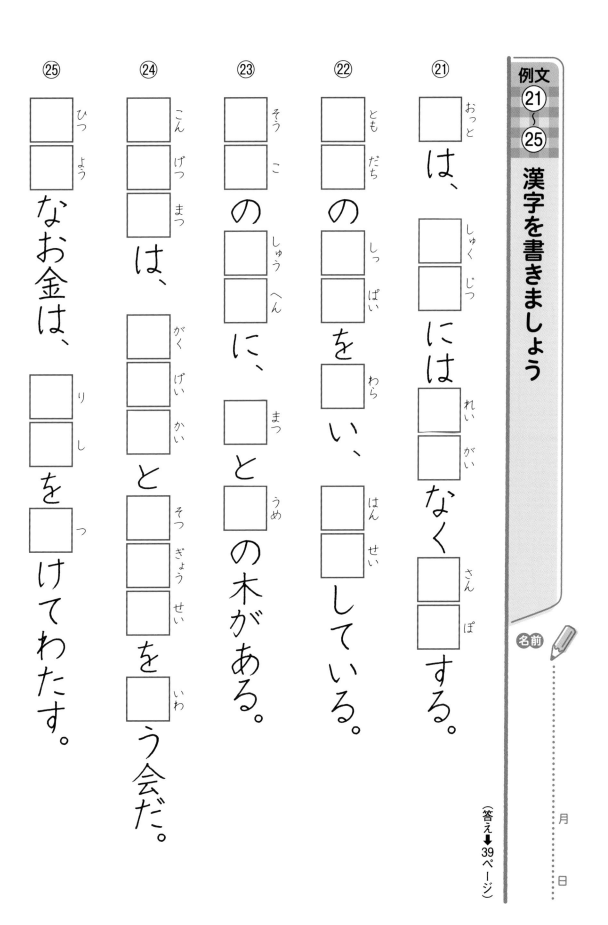

例文 ㉑～㉕ 漢字を書きましょう

名前

月　日

（答え➡39ページ）

㉑ □《おっと》は、□《しゅく》□《じつ》には□《れい》□《がい》なく□《さん》□《ぽ》する。

㉒ □《とも》□《だち》の□《しっ》□《ぱい》を□《わら》い、□《はん》□《せい》している。

㉓ □《そう》□《こ》の□《しゅう》□《へん》に、□《まつ》と□《うめ》の木がある。

㉔ □《こん》□《げつ》□《まつ》は、□《がく》□《げい》□《かい》と□《そつ》□《ぎょう》□《せい》を□《いわ》う会だ。

㉕ □《ひつ》□《よう》なお金は、□《り》□《し》を□《つ》けてわたす。

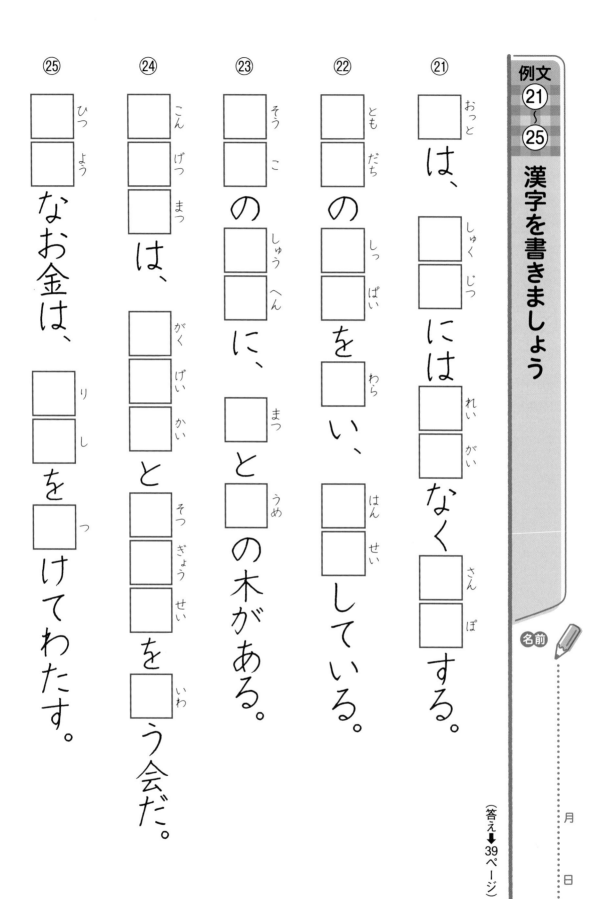

例文㉖～㉚

文を三回読みましょう

名前

月　日

㉖ 海辺《うみべ》の自然観察《しぜんかんさつ》の記録《きろく》が完成《かんせい》した。

㉗ その生産案《せいさんあん》では、目標達成《もくひょうたっせい》は無理《むり》だ。

㉘ 沖縄《おきなわ》の博物館《はくぶつかん》で、戦争《せんそう》について調《しら》べた。

㉙ 初《はじ》めと方法《ほうほう》は変《か》わったが、目標《もくひょう》は不変《ふへん》だ。

㉚ 発熱《はつねつ》で五人《ごにん》も欠席《けっせき》したので静《しず》かだった。

例文 ㉖～㉚ 漢字をていねいになぞりましょう

名前

月　日

㉖ 海辺《うみべ》の自然《しぜん》観察《かんさつ》の記録《きろく》が完成《かんせい》した。

㉗ その生産案《せいさんあん》では、目標《もくひょう》達成《たっせい》は無理《むり》だ。

㉘ 沖縄《おきなわ》の博物館《はくぶつかん》で、戦争《せんそう》について調《しら》べた。

㉙ 初《はじ》めと方法《ほうほう》は変《か》わったが、目標《もくひょう》は不変《ふへん》だ。

㉚ 発熱《はつねつ》で五人も欠席《けっせき》したので静《しず》かだった。

例文㉖～㉚ 漢字に読みがなをつけましょう

名前

月　日

㉖ 海辺の自然観察の記録が完成した。

㉗ その生産案では、目標達成は無理だ。

㉘ 沖縄の博物館で、戦争について調べた。

㉙ 初めと方法は変わったが、目標は不変だ。

㉚ 発熱で五人も欠席したので静かだった。

（答え➡47ページ）

例文 ㉖～㉚

漢字のでき方を読みましょう

名前

月　日

成

なーる　セイ　成《な》しとげる　完成《かんせい》

戈《ほこ》の製作《せいさく》が終《お》わると、かざりをつけてはらい清《きよ》め、完成《かんせい》する。それで「できあがる・なる・なす」という意味《いみ》になった。

産

うーむ　サン　たまごを産《う》む　産地《さんち》

元《もと》の字は產で、文＋厂＋生。子どもが産《う》まれると厂（ひたい）に×の文（一時的《いちじてき》ないれずみ）を書《か》いた。それが「産」。こうして子どもを悪霊《あくりょう》から守《まも》った。

争

あらそーう　ソウ　先《さき》を争《あらそ》う　戦争《せんそう》

元《もと》の字は爭。ぼうのような物《もの》を両方《りょうほう》の手で引《ひ》き合《あ》って、取《と》り合《あ》う形《かたち》。それで「あらそう」。戦《せん》（戰）は單（たて）＋戈《ほこ》で「たたかう・いくさ」の意味《いみ》。

初

はじーめ　はつ　ショ　初《はじ》めて行《い》く　初日《はつひ》の出《で》　最初《さいしょ》

衣《ころも》＋刀《かたな》。赤んぼうの産衣《うぶぎ》を作《つく》るとき、布《ぬの》を刀《かたな》で初《はじ》めて切《き》る儀式《ぎしき》をした。それで、「はじめ」の意味《いみ》。

静

しず　しずーか　しずーまる　セイ　静《しず》けさ　静岡県《しずおかけん》　静《しず》かな夜《よる》　教室《きょうしつ》が静《しず》まる　安静《あんせい》

青色《あおいろ》の絵《え》の具《ぐ》ですきを染《そ》め、手に持《も》っている形《かたち》。農具《のうぐ》を清《きよ》め、耕作《こうさく》が安《やす》らかなことをいのるので「やすらか・しずか」の意味《いみ》。「争《そう》」と同《おな》じ部分《ぶぶん》があるが、元《もと》の字がちがうため意味《いみ》も異《こと》なる。

例文㉖～㉚

漢字の練習をしましょう

名前　　月　　日

（答え➡47ページ）

㉖ □《う》□《み》□《べ》の□《し》□《ぜん》観《かん》察《さつ》の記《き》録《ろく》が完《かん》成《せい》した。

㉗ その生《せい》産《さん》案《あん》では、□《もく》□《ひょう》達《たっ》成《せい》は□《む》□《り》だ。

㉘ 沖《おき》縄《なわ》の博《はく》物《ぶつ》館《かん》で、□《せん》□《そう》について□《しら》べた。

㉙ 初《はじ》めと□《ほう》□《ほう》は変《か》わったが、□《もく》□《ひょう》は不《ふ》変《へん》だ。

㉚ 発《はつ》熱《ねつ》で五人も□《けっ》□《せき》したので静《しず》かだった。

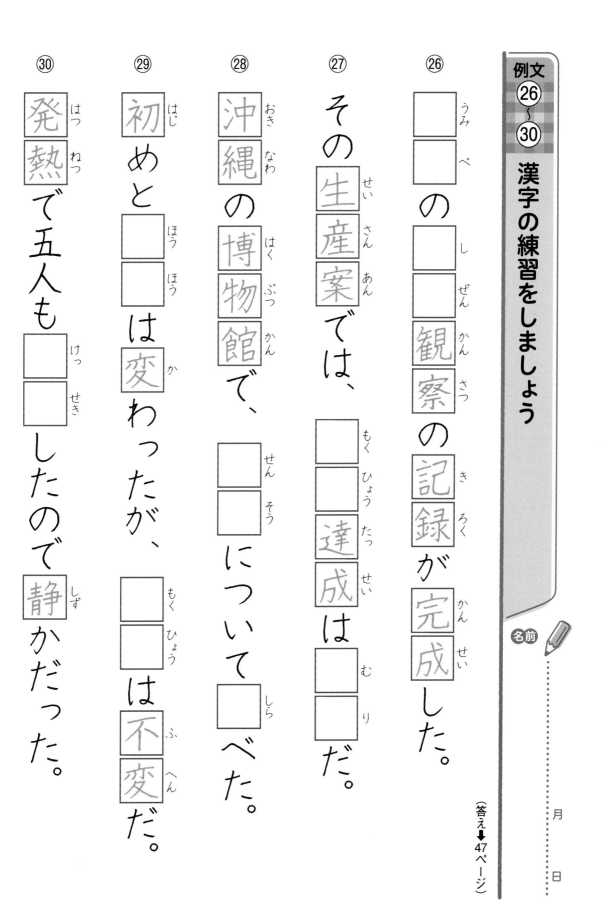

例文 ㉖~㉚

漢字の練習をしましょう

（答え➡47ページ）

名前

月　日

㉖ 海《うみ》辺《べ》の自《し》然《ぜん》□《かん》□《さつ》の□《き》□《ろく》が□《かん》□《せい》した。

㉗ その□《せい》□《さん》□《あん》では、目《もく》標《ひょう》□《たっ》□《せい》は無《む》理《り》だ。

㉘ □《おき》□《なわ》の□《はく》□《ぶつ》□《かん》で、戦《せん》争《そう》について調《しら》べた。

㉙ □《はじ》めと方《ほう》法《ほう》は□《か》わったが、目《もく》標《ひょう》は□《ふ》□《へん》だ。

㉚ □《はつ》□《ねつ》で五人も欠《けっ》席《せき》したので□《しず》かだった。

例文㉖〜㉚ 漢字を書きましょう

名前

月　日

（答え➡47ページ）

㉖ □《うみ》□《べ》の□《し》□《ぜん》□《かん》□《さつ》の□《き》□《ろく》が□《かん》□《せい》した。

㉗ その□《せい》□《さん》□《あん》では、□《もく》□《ひょう》□《たっ》□《せい》は□《む》□《り》だ。

㉘ □《おき》□《なわ》の□《はく》□《ぶつ》□《かん》で、□《せん》□《そう》について□《しら》べた。

㉙ □《はじ》めと□《ほう》□《ほう》は□《か》わったが、□《もく》□《ひょう》は□《ふ》□《へん》だ。

㉚ □《はつ》□《ねつ》で五人も□《けっ》□《せき》したので□《しず》かだった。

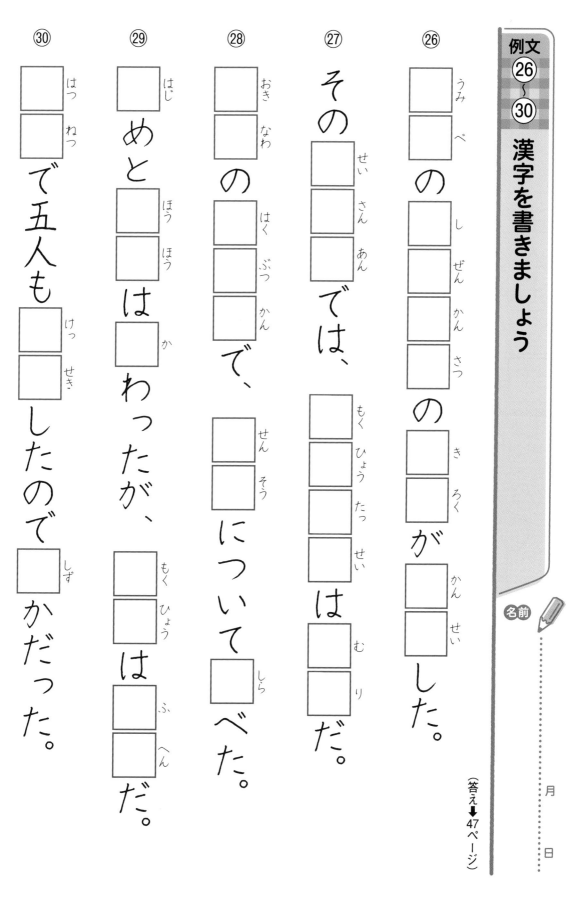

例文㉖～㉚ 漢字を書きましょう

名前

月　日

（答え⬇47ページ）

㉖ □《うみ》□《べ》の□《し》□《ぜん》□《かん》□《さつ》の□《き》□《ろく》が□《かん》□《せい》した。

㉗ その□《せい》□《さん》□《あん》では、□《もく》□《ひょう》□《たっ》□《せい》は□《む》□《り》だ。

㉘ □《おき》□《なわ》の□《はく》□《ぶつ》□《かん》で、□《せん》□《そう》について□《しら》べた。

㉙ □《はじ》めと□《ほう》□《ほう》は□《か》わったが、□《もく》□《ひょう》は□《ふ》□《へん》だ。

㉚ □《はつ》□《ねつ》で五人も□《けっ》□《せき》したので□《しず》かだった。

例文 ㉛〜㉟

文を三回読みましょう

名前

月　日

㉛ 放《ほう》課《か》後《ご》残《のこ》って、訓《くん》読《よ》みを辞《じ》典《てん》で調《しら》べた。

㉜ 大《おお》阪《さか》府《ふ》と奈《な》良《ら》県《けん》郡《ぐん》部《ぶ》の伝《でん》説《せつ》を覚《おぼ》えた。

㉝ 街《がい》灯《とう》を作《つく》る労《ろう》働《どう》によって、給《きゅう》料《りょう》をもらう。

㉞ 福《ふく》岡《おか》、佐《さ》賀《が》は九《きゅう》州《しゅう》のとなり合《あ》った県《けん》。

㉟ 浅《あさ》い清《せい》流《りゅう》のある牧《ぼく》場《じょう》の風《ふう》景《けい》が好《す》きだ。

例文 ㉛〜㉟

漢字をていねいになぞりましょう

名前

月　日

㉛ 放《ほう》課《か》後《ご》残《のこ》って、訓《くん》読《よ》みを辞《じ》典《てん》で調《しら》べた。

㉜ 大《おお》阪《さか》府《ふ》と奈《な》良《ら》県《けん》郡《ぐん》部《ぶ》の伝《でん》説《せつ》を覚《おぼ》えた。

㉝ 街《がい》灯《とう》を作る労《ろう》働《どう》によって、給《きゅう》料《りょう》をもらう。

㉞ 福《ふく》岡《おか》、佐《さ》賀《が》は九《きゅう》州《しゅう》のとなり合った県《けん》。

㉟ 浅《あさ》い清《せい》流《りゅう》のある牧《ぼく》場《じょう》の風《ふう》景《けい》が好《す》きだ。

漢字に読みがなをつけましょう

名前

月　日

（答え➡55ページ）

㉛ 放課後残って、訓読みを辞典で調べた。

㉜ 大阪府と奈良県郡部の伝説を覚えた。

㉝ 街灯を作る労働によって、給料をもらう。

㉞ 福岡、佐賀は九州のとなり合った県。

㉟ 浅い清流のある牧場の風景が好きだ。

例文 ㉛～㉟

漢字のでき方を読みましょう

名前

月　日

課

カ

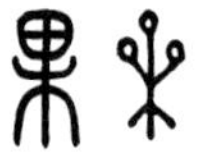

課題《かだい》

言《げん》＋果《か》。果《か》は果物《くだもの》のこと。果《か》はものが集《あつ》まって、しかも区分《くぶん》があることを表《あらわ》す。

課《か》は、一つ一つの項目《こうもく》に分《わ》かれたものの部分《ぶぶん》を責任《せきにん》をもって引《ひ》き受《う》ける意味《いみ》。

「わりあてる・しごと」のこと。

典

テン

百科事典《ひゃっかじてん》

文字を書《か》いた細長《ほそなが》い竹や木の札《ふだ》をつくえの上に置《お》いた形《かたち》。

大昔《おおむかし》は紙《かみ》がなかったので、竹や木の札《ふだ》に大事《だいじ》な文を書《か》いた。

伝

つた-わる　デン

音《おと》が伝《つた》わる　伝言《でんごん》

元《もと》の字は傳。前《まえ》の人が背負《せお》っているふくろを後《うし》ろから手（）でおしている形《かたち》。

背負《せお》って運《はこ》ぶことから、「運《はこ》んで伝《つた》える・伝《つた》える」意味《いみ》になった。

給

キュウ

給食《きゅうしょく》

糸＋合《ごう》。元《もと》は「目上の人があたえる」という意味《いみ》だったが、のちにすべて「あたえる」、さらに「たす・みたす」という意味《いみ》で使《つか》われるようになった。

牧

ボク

放牧《ほうぼく》

牛《うし》＋攵。牛《うし》をむち打《う》って（）飼《か》いならし、放牧《ほうぼく》すること。

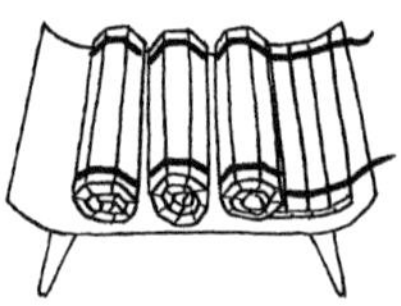

郵　便　は　が　き

料金受取人払郵便

大阪北局
承　認
246

差出有効期間
2024年５月31日まで
※切手を貼らずに
お出しください。

５３０-８７９０

１５６

大阪市北区曽根崎２－11－16
梅田セントラルビル

清風堂書店
愛読者係　行

愛読者カード　ご購入ありがとうございます。

フリガナ		性別	男　・　女
お名前		年齢	歳
TEL FAX	(　　)	ご職業	
ご住所	〒　　－		
E-mail	@		

ご記入いただいた個人情報は、当社の出版の参考にのみ活用させていただきます。
第三者には一切開示いたしません。

□学力がアップする教材満載のカタログ送付を希望します。

●ご購入書籍・プリント名

●ご購入店舗・サイト名等（　　　　　　　　　　　　　　　　）

●ご購入の決め手は何ですか？（あてはまる数字に○をつけてください。）

1．表紙・タイトル　2．中身　3．価格　4．SNSやHP
5．知人の紹介　6．その他（　　　　　　　　）

●本書の内容にはご満足いただけたでしょうか？（あてはまる数字に○をつけてください。）

たいへん満足　5　4　3　2　1　不満

●本書の良かったところや改善してほしいところを教えてください。

●ご意見・ご感想、本書の内容に関してのご質問、また今後欲しい商品のアイデアがありましたら下欄にご記入ください。

ご協力ありがとうございました。

★ご感想を小社HP等で匿名でご紹介させていただく場合もございます。　□可　□不可

★おハガキをいただいた方の中から抽選で10名様に2,000円分の図書カードをプレゼント！
当選の発表は、賞品の発送をもってかえさせていただきます。

例文31～35 漢字の練習をしましょう

名前

月　日

（答え➡55ページ）

㉛ 放《ほう》課《か》後《ご》□《のこ》って、□《くん》□《よ》みを辞《じ》典《てん》で□《しら》べた。

㉜ □《おお》□《さか》□《ふ》と奈《な》良《ら》県《けん》郡《ぐん》部《ぶ》の伝《でん》説《せつ》を□《おぼ》えた。

㉝ □《がい》□《とう》を作る労《ろう》働《どう》によって、□《きゅう》□《りょう》をもらう。

㉞ □《ふく》□《おか》、佐《さ》賀《が》は□《きゅう》□《しゅう》のとなり合った□《けん》。

㉟ 浅《あさ》い□《せい》□《りゅう》のある牧《ぼく》場《じょう》の□《ふう》□《けい》が好《す》きだ。

例文31～35

漢字の練習をしましょう

名前

月　日

（答え➡55ページ）

㉛ □《ほう》□《か》□《ご》残《のこ》って、訓《くん》読《よ》みを□《じ》□《てん》で□《しら》べた。

㉜ 大《おお》阪《さか》府《ふ》と□《な》□《ら》□《けん》□《ぐん》□《ぶ》の□《でん》□《せつ》を覚《おぼ》えた。

㉝ 街《がい》灯《とう》を作る□《ろう》□《どう》によって、給《きゅう》料《りょう》をもらう。

㉞ 福《ふく》岡《おか》、□《さ》□《が》は□《きゅう》□《しゅう》のとなり合った□《けん》。

㉟ □《あさ》い清《せい》流《りゅう》のある□《ぼく》□《じょう》の風《ふう》景《けい》が□《す》きだ。

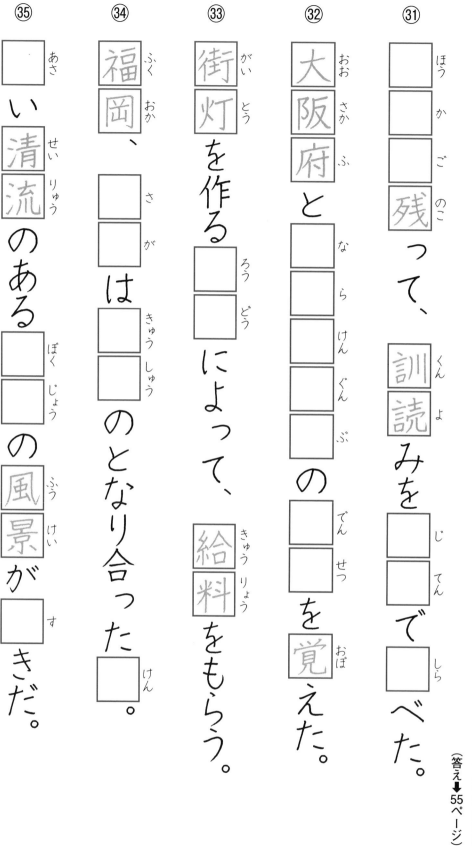

例文 ㉛～㉟

漢字を書きましょう

名前

月　日

（答え⬇55ページ）

㉛ □《ほう》□《か》□《ご》□《のこ》って、□《くん》□《よ》みを□《じ》□《てん》で□《しら》べた。

㉜ □《おお》□《さか》□《ふ》と□《な》□《ら》□《けん》□《ぐん》□《ぶ》の□《でん》□《せつ》を□《おぼ》えた。

㉝ □《がい》□《とう》を作る□《ろう》□《どう》によって、□《きゅう》□《りょう》をもらう。

㉞ □《ふく》□《おか》、□《さ》□《が》は□《きゅう》□《しゅう》のとなり合った□《けん》。

㉟ □《あさ》い□《せい》□《りゅう》のある□《ぼく》□《じょう》の□《ふう》□《けい》が□《す》きだ。

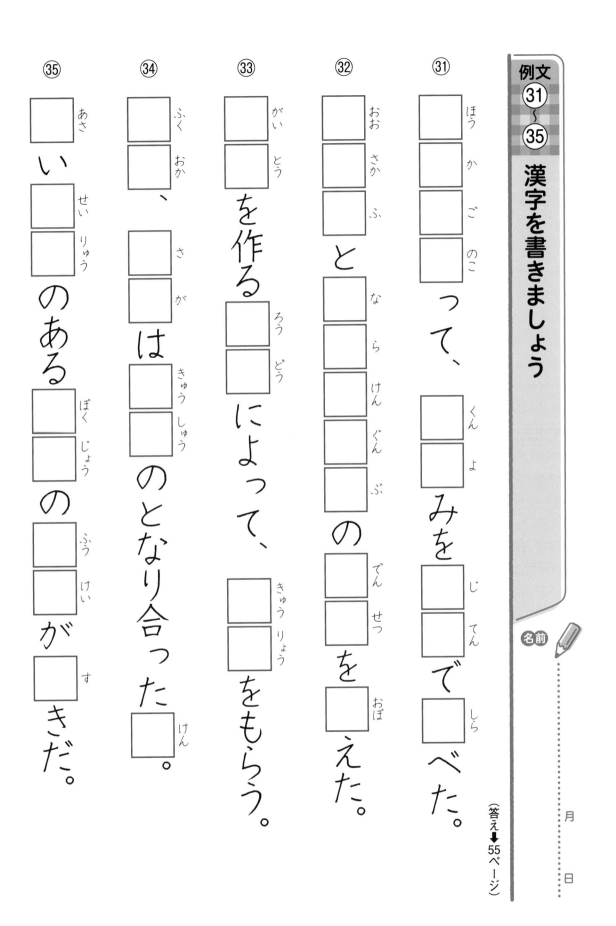

例文 31～35

漢字を書きましょう

名前

月　日

（答え➡55ページ）

㉛ □《ほう》□《か》□《ご》□《のこ》って、□《くん》□《よ》みを□《じ》□《てん》で□《しら》べた。

㉜ □《おお》□《さか》□《ふ》と□《な》□《ら》□《けん》□《ぐん》□《ぶ》の□《でん》□《せつ》を□《おぼ》えた。

㉝ □《がい》□《とう》を作る□《ろう》□《どう》によって、□《きゅう》□《りょう》をもらう。

㉞ □《ふく》□《おか》、□《さ》□《が》は□《きゅう》□《しゅう》のとなり合った□《けん》。

㉟ □《あさ》い□《せい》□《りゅう》のある□《ぼく》□《じょう》の□《ふう》□《けい》が□《す》きだ。

例文 ㊱～㊵

文を三回読みましょう

名前

月　日

㊱ 兆《ちょう》の単《たん》位《い》未《み》満《まん》は切《き》りすて、積《せき》を求《もと》める。

㊲ 連《つら》なった山《やま》の東《とう》西《ざい》で気《き》候《こう》が変《か》わる。

㊳ 借《か》りた材《ざい》料《りょう》を順《じゅん》に両《りょう》側《がわ》に置《お》いた。

㊴ 選《せん》挙《きょ》では、票《ひょう》の多《おお》い人《ひと》が選《えら》ばれる。

㊵ 香《か》川《がわ》、徳《とく》島《しま》、愛《え》媛《ひめ》、高《こう》知《ち》は四《し》国《こく》の県《けん》。

例文36～40

漢字をていねいになぞりましょう

名前

月　日

㊱ 兆《ちょう》の単《たん》位《い》未《み》満《まん》は切りすて、積《せき》を求《もと》める。

㊲ 連《つら》なった山の東《とう》西《ざい》で気《き》候《こう》が変《か》わる。

㊳ 借《か》りた材《ざい》料《りょう》を順《じゅん》に両《りょう》側《がわ》に置《お》いた。

㊴ 選《せん》挙《きょ》では、票《ひょう》の多い人が選《えら》ばれる。

㊵ 香《か》川《がわ》、徳《とく》島《しま》、愛《え》媛《ひめ》、高《こう》知《ち》は四《し》国《こく》の県《けん》。

例文 ㊱～㊵

漢字に読みがなをつけましょう

名前

月　日

㊱ 兆の単位未満は切りすて、積を求める。

㊲ 連なった山の東西で気候が変わる。

㊳ 借りた材料を順に両側に置いた。

㊴ 選挙では、票の多い人が選ばれる。

㊵ 香川、徳島、愛媛、高知は四国の県。

（答え⬇63ページ）

例文36～40

漢字のでき方を読みましょう

名前

月　日

満

み-ちる　マン　水《みず》を満《み》たす　満足《まんぞく》

水(氵)＋㒼。㒼は一面《いちめん》にししゅうをしたひざかけで、かざりで満《み》ちていることを表《あらわ》す。

氵をつけて、「水が満《み》ちる」意味《いみ》に使《つか》う。

連

つら-なる　つ-れる　レン　山《やま》が連《つら》なる　子《こ》ども連《づ》れ　連日《れんじつ》

聯《れん》(つながる)という字と音が同《おな》じなので「つながる・つらなる」という意味《いみ》になった。

聯《れん》は戦《たたか》いで敵《てき》の耳をうちとり、糸でつらぬいたことから「つながる」という意味《いみ》。

料

リョウ　食料品《しょくりょうひん》

米《こめ》＋斗《ます》。米《こめ》をひしゃく()で量《はか》ることを表《あらわ》す。今《いま》は「もとになるもの」の意味《いみ》で資料《しりょう》・原料《げんりょう》と使《つか》う。

また、「代金《だいきん》」の意味《いみ》で、料金《りょうきん》・入場料《にゅうじょうりょう》などとも使《つか》う。

挙

あ-げる　キョ　手《て》を挙《あ》げる　挙手《きょしゅ》

元《もと》の字は擧で與＋手。與は四本の手で支《ささ》え、協力《きょうりょく》して持《も》ち運《はこ》ぶ意味《いみ》。

それに手を加《くわ》えて、高《たか》く持《も》ちあげることを表《あらわ》す。

徳

トク　道徳《どうとく》　徳島県《とくしまけん》

元《もと》の字は、道《みち》を行《い》くことを表《あらわ》す彳《てき》と「まゆにかざりをつけた目」と心《こころ》。

目のまじないの力で清《きよ》めることから、「正しい・よい・めぐみ」の意味《いみ》。

例文 ㊱〜㊵

漢字の練習をしましょう

名前

月　日

（答え⬇63ページ）

㊱ 兆《ちょう》の□《たん》□《い》末《み》満《まん》は切りすて、積《せき》を□《もと》める。

㊲ 連《つら》なった山の□《とう》□《ざい》で気《き》候《こう》が□《か》わる。

㊳ 借《か》りた□《ざい》□《りょう》を順《じゅん》に両《りょう》側《がわ》に□《お》いた。

㊴ 選《せん》挙《きょ》では、□《ひょう》の多い人が□《えら》ばれる。

㊵ 香《か》川《がわ》、□《とく》□《しま》、愛《え》媛《ひめ》、□《こう》□《ち》は□《し》□《こく》の□《けん》。

例文 ㊱〜㊵

漢字の練習をしましょう

名前

月　日

（答え⬇63ページ）

㊱ □《ちょう》の単《たん》位《い》□《み》□《まん》は切りすて、□《せき》を求《もと》める。

㊲ □《つら》なった山の□《とう》□《ざい》で□《き》□《こう》が変《か》わる。

㊳ □《か》りた材《ざい》料《りょう》を□《じゅん》に□《りょう》□《がわ》に置《お》いた。

㊴ □《せん》□《きょ》では、票《ひょう》の多い人が選《えら》ばれる。

㊵ □《か》□《がわ》、徳《とく》島《しま》、□《え》□《ひめ》、□《こう》□《ち》は□《し》□《こく》の□《けん》。

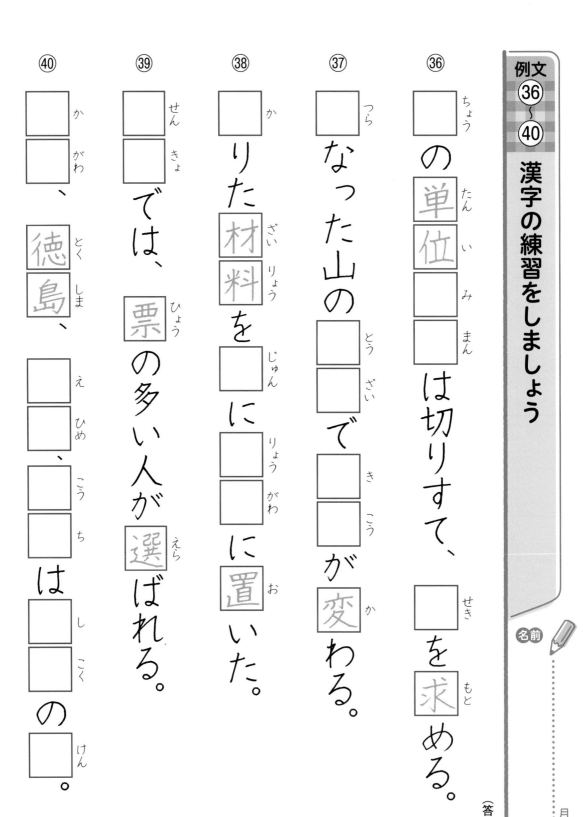

例文㊱～㊵

漢字を書きましょう

名前

月　日

（答え⬇63ページ）

㊱ □《ちょう》の□《たん》□《い》□《み》□《まん》は切りすて、□《せき》を□《もと》める。

㊲ □《つら》なった山の□《とう》□《ざい》で□《き》□《こう》が□《か》わる。

㊳ □《か》りた□《ざい》□《りょう》を□《じゅん》に□《りょう》□《がわ》に□《お》いた。

㊴ □《せん》□《きょ》では、□《ひょう》の多い人が□《えら》ばれる。

㊵ □《か》□《がわ》、□《とく》□《しま》、□《え》□《ひめ》、□《こう》□《ち》は□《し》□《こく》の□《けん》。

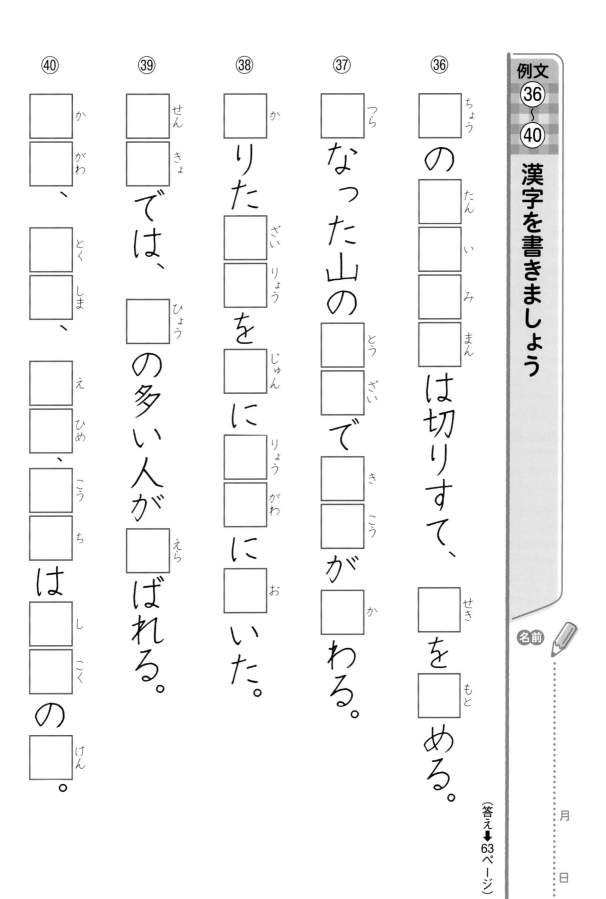

例文36～40

漢字を書きましょう

名前

月　日

（答え➡63ページ）

㊱ □《ちょう》の□《たん》□《い》□《み》□《まん》は切りすて、□《せき》を□《もと》める。

㊲ □《つら》なった山の□《とう》□《ざい》で□《き》□《こう》が□《か》わる。

㊳ □《か》りた□《ざい》□《りょう》を□《じゅん》に□《りょう》□《がわ》に□《お》いた。

㊴ □《せん》□《きょ》では、□《ひょう》の多い人が□《えら》ばれる。

㊵ □《か》□《がわ》、□《とく》□《しま》、□《え》□《ひめ》、□《こう》□《ち》は□《し》□《こく》の□《けん》。

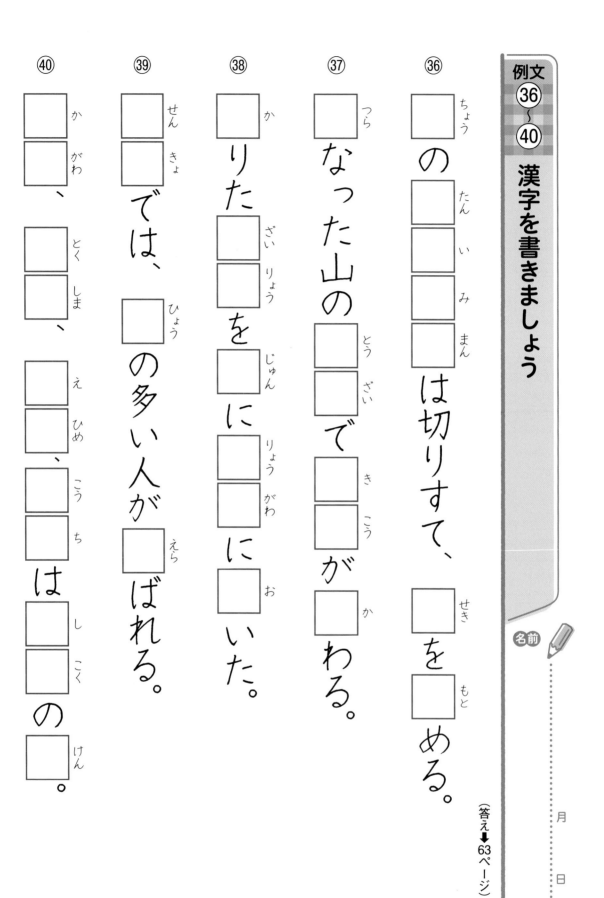

例文 41～45

文を三回読みましょう

名前

月　日

㊶ 茨《いばら》城《き》県《けん》漁《ぎょ》協《きょう》※1は冷《れい》とう貨《か》車《しゃ》に魚《ぎょ》類《るい》を積《つ》んだ。

㊷ 福《ふく》井《い》、富《と》山《やま》は北《ほく》陸《りく》にある。

㊸ 念《ねん》願《がん》通《どお》り、希《き》望《ぼう》の学《がっ》校《こう》に受《う》かった。

㊹ 岐《ぎ》阜《ふ》県《けん》の輪《わ》中《じゅう》※2は、水《すい》害《がい》から町《まち》を守《まも》った。

㊺ 昨《さく》年《ねん》以《い》来《らい》、栄《えい》養《よう》不《ぶ》足《そく》で健《けん》康《こう》でない。

※1　漁協《ぎょきょう》…漁業《ぎょぎょう》協同組合《きょうどうくみあい》のこと。
※2　輪中《わじゅう》…洪水《こうずい》から村や田を守《まも》るためのていぼうでかこまれた地域《ちいき》。岐阜県《ぎふけん》の長良川《ながらがわ》のあたりの地域《ちいき》など。

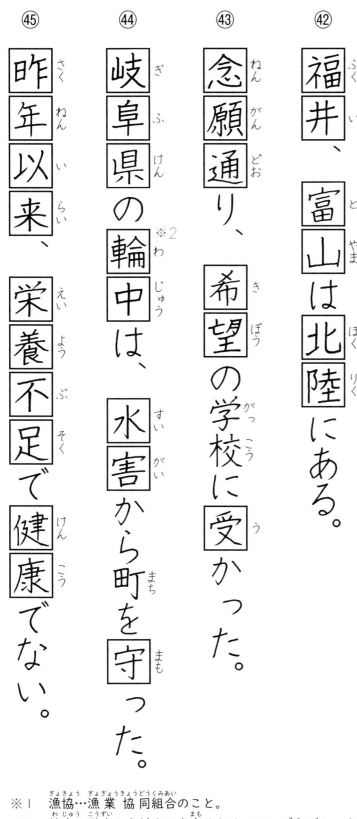

例文41～45 漢字をていねいになぞりましょう

名前

月　日

㊶ 茨《いばら》城《き》県《けん》漁《ぎょ》協《きょう》は冷《れい》とう貨《か》車《しゃ》に魚《ぎょ》類《るい》を積《つ》んだ。

㊷ 福《ふく》井《い》、富《と》山《やま》は北《ほく》陸《りく》にある。

㊸ 念《ねん》願《がん》通《どお》り、希《き》望《ぼう》の学校に受《う》かった。

㊹ 岐《ぎ》阜《ふ》県《けん》の輪《わ》中《じゅう》は、水《すい》害《がい》から町を守《まも》った。

㊺ 昨《さく》年《ねん》以《い》来《らい》、栄《えい》養《よう》不《ぶ》足《そく》で健《けん》康《こう》でない。

例文㊶〜㊺ 漢字に読みがなをつけましょう

名前

月　日

（答え⬇71ページ）

㊶ 茨城県漁協は冷とう貨車に魚類を積んだ。

㊷ 福井、富山は北陸にある。

㊸ 念願通り、希望の学校に受かった。

㊹ 岐阜県の輪中は、水害から町を守った。

㊺ 昨年以来、栄養不足で健康でない。

例文41～45

漢字のでき方を読みましょう

名前

月　日

貨

カ　金貨《きんか》

化《か》＋貝。化《か》は向《む》きのちがう人の形《かたち》で、変化《へんか》するという意味《いみ》。貨《か》は変《か》える（交換《こうかん》する）ことができるお金（貝）という意味《いみ》。金貨《きんか》・銀貨《ぎんか》と使《つか》われる。貨車《かしゃ》の場合《ばあい》は、運送《うんそう》する品物《しなもの》の意味《いみ》。

願

ねが-う　ガン　願《ねが》いごと　願望《がんぼう》

原《げん》＋頁。意味《いみ》は原《げん》＋心《こころ》の愿《げん》（つつしむという意味《いみ》）と頁（神《かみ》をおがむ人を横《よこ》から見た形《かたち》）からきている。それで、熱心《ねっしん》に神《かみ》にお願《ねが》いするという意味《いみ》。愿《げん》から心《こころ》がぬけ落《お》ち、読《よ》みもゲンからガンに変化《へんか》した。

輪

わ　リン　首輪《くびわ》　一輪車《いちりんしゃ》

車＋侖《りん》。侖《りん》は輪《わ》のようにひとつながりになったもののこと。

健

（すこ-やか）　ケン　健全《けんぜん》

人＋建《けん》。建《けん》は、建築《けんちく》のしっかりした基準《きじゅん》を作《つく》ること。それで、人体《じんたい》が病気《びょうき》などからしっかり守《まも》られていることを指《さ》し、「すこやか・つよい」の意味《いみ》になった。

例文 ㊶〜㊺

漢字の練習をしましょう

名前

月　日

（答え↓71ページ）

㊶ 茨《いばら》城《き》県《けん》漁《ぎょ》協《きょう》は□《れい》とう貨《か》車《しゃ》に□《ぎょ》□《るい》を□《つ》んだ。

㊷ □《ふく》□《い》、富《と》山《やま》は□《ほく》□《りく》にある。

㊸ 念《ねん》願《がん》通《どお》り、□《き》□《ぼう》の学校に□《う》かった。

㊹ 岐《ぎ》阜《ふ》県《けん》の輪《わ》中《じゅう》は、□《すい》□《がい》から町を□《まも》った。

㊺ □《さく》□《ねん》以《い》来《らい》、□《えい》□《よう》□《ぶ》□《そく》で健《けん》康《こう》でない。

例文 41〜45 漢字の練習をしましょう

名前

月　日

（答え➡71ページ）

㊶ □《いばら》□《き》□《けん》□《ぎょ》□《きょう》は冷《れい》とう□《か》□《しゃ》に魚《ぎょ》類《るい》を積《つ》んだ。

㊷ 福《ふく》井《い》、□《と》□《やま》は北《ほく》陸《りく》にある。

㊸ □《ねん》□《がん》□《どお》り、希《き》望《ぼう》の学校に受《う》かった。

㊹ □《ぎ》□《ふ》□《けん》の□《わ》□《じゅう》は、水《すい》害《がい》から町を□《まも》った。

㊺ 昨《さく》年《ねん》□《い》□《らい》、栄《えい》養《よう》不《ぶ》足《そく》で□《けん》□《こう》でない。

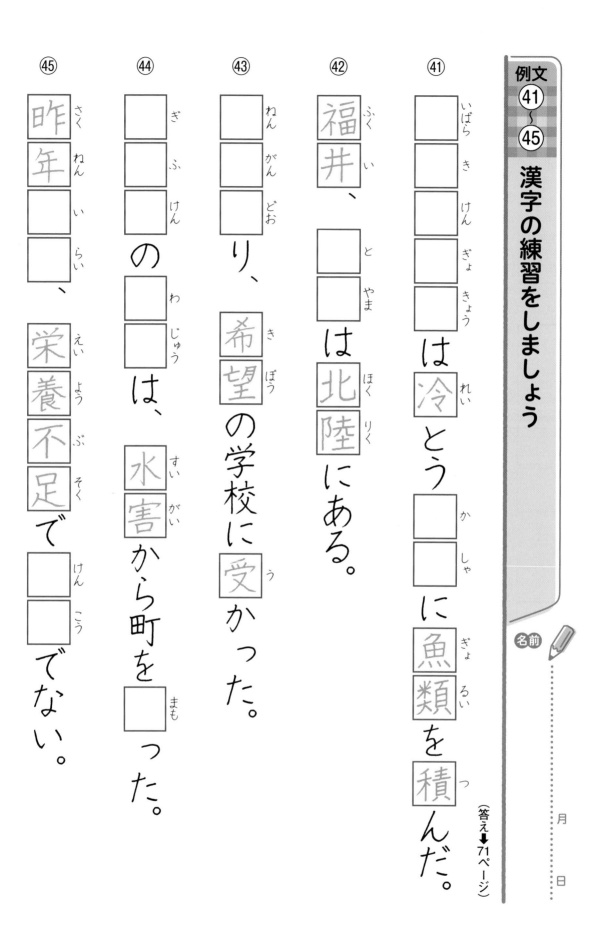

例文 ㊶～㊺ 漢字を書きましょう

名前

月　日

（答え↓71ページ）

㊶ □《いばら》□《き》□《けん》□《ぎょ》□《きょう》は□《れい》とう□《か》□《しゃ》に□《ぎょ》□《るい》を□《つ》んだ。

㊷ □《ふく》□《い》、□《と》□《やま》は□《ほく》□《りく》にある。

㊸ □《ねん》□《がん》□《どお》り、□《き》□《ぼう》の学校に□《う》かった。

㊹ □《ぎ》□《ふ》□《けん》の□《わ》□《じゅう》は、□《すい》□《がい》から町を□《まも》った。

㊺ □《さく》□《ねん》□《い》□《らい》、□《えい》□《よう》□《ぶ》□《そく》で□《けん》□《こう》でない。

例文㊶〜㊺

漢字を書きましょう

（答え➡71ページ）

名前

月　日

㊶ □《いばら》□《き》□《けん》□《ぎょ》□《きょう》は□《れい》とう□《か》□《しゃ》に□《ぎょ》□《るい》を□《つ》んだ。

㊷ □《ふく》□《い》、□《と》□《やま》は□《ほく》□《りく》にある。

㊸ □《ねん》□《がん》□《どお》り、□《き》□《ぼう》の学校に□《う》かった。

㊹ □《ぎ》□《ふ》□《けん》の□《わ》□《じゅう》は、□《すい》□《がい》から町を□《まも》った。

㊺ □《さく》□《ねん》□《い》□《らい》、□《えい》□《よう》□《ぶ》□《そく》で□《けん》□《こう》でない。

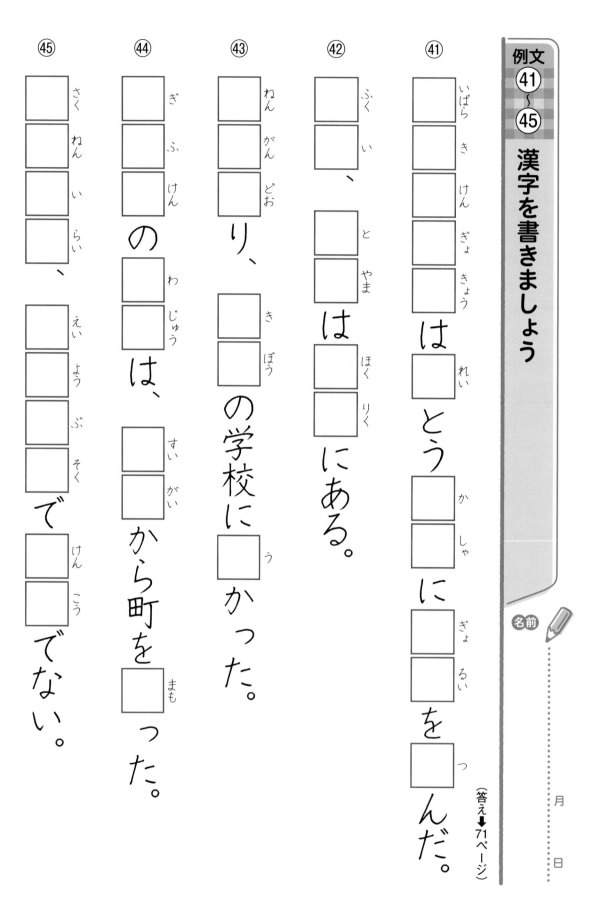

例文46〜50 文を三回読みましょう

名前

月　日

㊻ その自治体《じちたい》は、何百億円《なんびゃくおくえん》もの借金《しゃっきん》がある。

㊼ 太陽《たいよう》の光《ひかり》を浴《あ》びて、種《たね》から芽《め》が出《で》た。

㊽ 積極的《せっきょくてき》な協力《きょうりょく》があったが、大差《たいさ》で敗《やぶ》れた。

㊾ 埼玉《さいたま》、栃木《とちぎ》、群馬《ぐんま》は海《うみ》のない県《けん》だ。

㊿ 長崎県《ながさきけん》沖《おき》の大陸《たいりく》だなの海底《かいてい》を調《しら》べる。

例文 ㊻～㊿

漢字をていねいになぞりましょう

名前

月　日

㊻ その自《じ》治《ち》体《たい》は、何《なん》百《びゃく》億《おく》円《えん》もの借《しゃっ》金《きん》がある。

㊼ 太《たい》陽《よう》の光を浴《あ》びて、種《たね》から芽《め》が出た。

㊽ 積《せっ》極《きょく》的《てき》な協《きょう》力《りょく》があったが、大《たい》差《さ》で敗《やぶ》れた。

㊾ 埼《さい》玉《たま》、栃《とち》木《ぎ》、群《ぐん》馬《ま》は海《うみ》のない県《けん》だ。

㊿ 長《なが》崎《さき》県《けん》沖《おき》の大《たい》陸《りく》だなの海《かい》底《てい》を調《しら》べる。

例文 ㊻～㊿

漢字に読みがなをつけましょう

名前

月　日

（答え➡79ページ）

㊻ その自治体は、何百億円もの借金がある。

㊼ 太陽の光を浴びて、種から芽が出た。

㊽ 積極的な協力があったが、大差で敗れた。

㊾ 埼玉、栃木、群馬は海のない県だ。

㊿ 長崎県沖の大陸だなの海底を調べる。

例文 46〜50

漢字のでき方を読みましょう

名前

月　日

浴

あ-びる　ヨク　　水浴《みずあ》び　入浴《にゅうよく》

水（氵）＋欲《よく》・容《よう》の一部分《ぶぶん》。欲《よく》は、𠙵（神《かみ》にいのるときの箱《はこ》）の上に現《あらわ》れた神《かみ》を見たいと思《おも》う心《こころ》のこと。いのるために水を浴《あ》びて身《み》を清《きよ》めることが浴《よく》。

芽

め　ガ　　新芽《しんめ》　発芽《はつが》

艹＋牙《が》。けものの牙《きば》のように力強《ちからづよ》く生えてくる草や木の芽《め》のこと。形《かたち》も牙《きば》に似《に》ている。

敗

やぶ-れる　ハイ　　決勝《けっしょう》で敗《やぶ》れる　敗戦《はいせん》

貝＋攵（攴）。宝物《たからもの》の貝を木の枝《えだ》で打《う》ち（攴）、貝を「傷《きず》つける・こわす・やぶる」こと。そこから、試合《しあい》や戦《たたか》いで敗《やぶ》れるという意味《いみ》も持《も》つようになった。

群

む-れる　む-れ　グン　　魚《さかな》が群《む》れる　象《ぞう》の群《む》れ　大群《たいぐん》　群馬県《ぐんまけん》

元《もと》は羊《ひつじ》の群《む》れのこと。羊《ひつじ》は群《む》れを作《つく》って行動《こうどう》する習性《しゅうせい》がある。これを人や他《た》の動物《どうぶつ》が「むれる・むらがる」ことにも使《つか》うようになった。

底

そこ　テイ　　海《うみ》の底《そこ》　底辺《ていへん》

氐は、小さな刀《かたな》（氐）で底《そこ》をけずって平《たい》らにするという意味《いみ》。建物《たてもの》（广）の底《てい》辺《へん》の平《たい》らな所《ところ》が底《てい》。氐があり、「テイ」と読《よ》む字は、ほかに低・抵・邸など。

例文 ㊻〜㊿ 漢字の練習をしましょう

名前

月　日

（答え➡79ページ）

㊻ その□《じ》□《ち》□《たい》は、何《なん》百《びゃく》億《おく》円《えん》もの□《しゃっ》□《きん》がある。

㊼ □《たい》□《よう》の光を浴《あ》びて、□《たね》から芽《め》が出た。

㊽ 積《せっ》極《きょく》的《てき》な□《きょう》□《りょく》があったが、□《たい》□《さ》で敗《やぶ》れた。

㊾ 埼《さい》玉《たま》、栃《とち》木《ぎ》、□《ぐん》□《ま》は□《うみ》のない□《けん》だ。

㊿ 長《なが》崎《さき》県《けん》沖《おき》の大《たい》陸《りく》だなの□《かい》□《てい》を□《しら》べる。

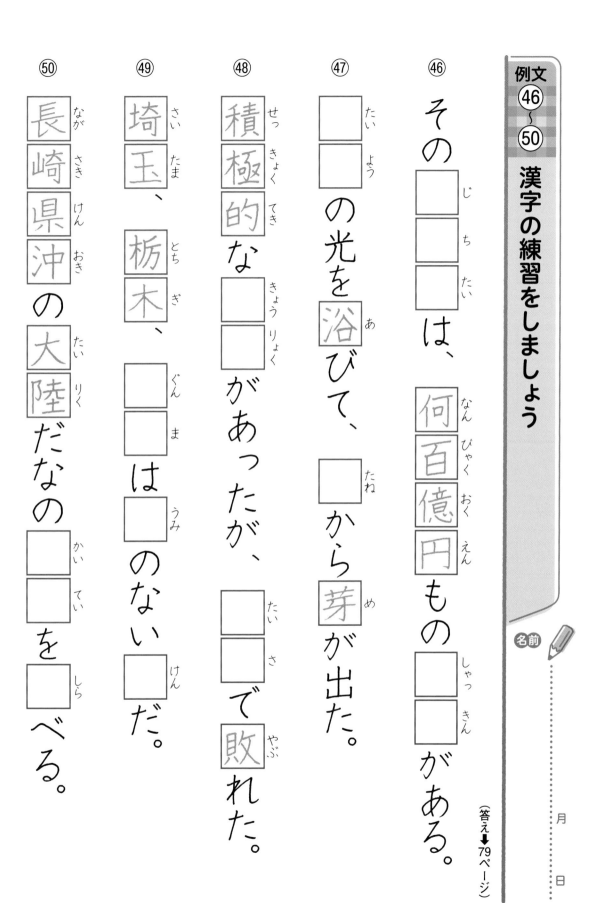

例文 ㊻～㊿

漢字の練習をしましょう

（答え➡79ページ）

名前

月　日

㊻ その自《じ》治《ち》体《たい》は、□《なん》□《びゃく》□《おく》□《えん》もの借《しゃっ》金《きん》がある。

㊼ 太《たい》陽《よう》の光を□《あ》びて、種《たね》から□《め》が出た。

㊽ □《せっ》□《きょく》□《てき》な協《きょう》力《りょく》があったが、大《たい》差《さ》で□《やぶ》れた。

㊾ □《さい》□《たま》、□《とち》□《ぎ》、群《ぐん》馬《ま》は□《うみ》のない□《けん》だ。

㊿ □《なが》□《さき》□《けん》□《おき》の□《たい》□《りく》だなの海《かい》底《てい》を□《しら》べる。

例文 ㊻～㊿ 漢字を書きましょう

名前

月　日

（答え➡79ページ）

㊻ その□《じ》□《ち》□《たい》は、□《なん》□《びゃく》□《おく》□《えん》もの□《しゃっ》□《きん》がある。

㊼ □《たい》□《よう》の光を□《あ》びて、□《たね》から□《め》が出た。

㊽ □《せっ》□《きょく》□《てき》な□《きょう》□《りょく》があったが、□《たい》□《さ》で□《やぶ》れた。

㊾ □《さい》□《たま》、□《とち》□《ぎ》、□《ぐん》□《ま》は□《うみ》のない□《けん》だ。

㊿ □《なが》□《さき》□《けん》□《おき》の□《たい》□《りく》だなの□《かい》□《てい》を□《しら》べる。

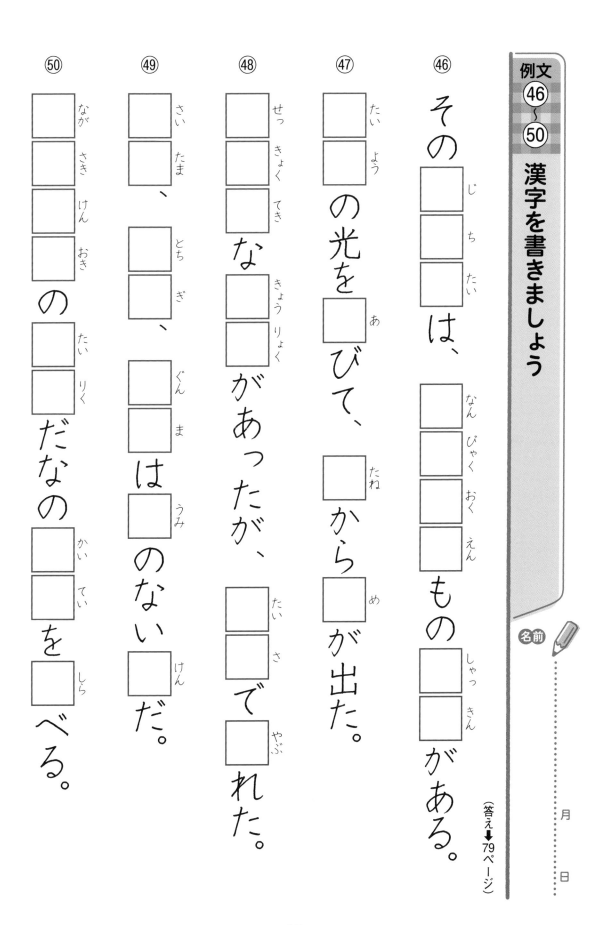

例文 ㊻～㊿ 漢字を書きましょう

名前

月　日

（答え➡79ページ）

㊻ その□《じ》□《ち》□《たい》は、□《なん》□《びゃく》□《おく》□《えん》もの□《しゃっ》□《きん》がある。

㊼ □《たい》□《よう》の光を□《あ》びて、□《たね》から□《め》が出た。

㊽ □《せっ》□《きょく》□《てき》な□《きょう》□《りょく》があったが、□《たい》□《さ》で□《やぶ》れた。

㊾ □《さい》□《たま》、□《とち》□《ぎ》、□《ぐん》□《ま》は□《うみ》のない□《けん》だ。

㊿ □《なが》□《さき》□《けん》□《おき》の□《たい》□《りく》だなの□《かい》□《てい》を□《しら》べる。

四年生のまとめ⑴

□に漢字を書きましょう

名前

月　日

(答え➡95ページ)

① □《あい》□《けん》を□《とも》に□《くん》□《れん》□《わ》くぐりの□《げい》□《はつ》の□《せい》□《こう》。

② □《たい》□《りょう》の□《い》□《るい》と□《ぼう》□《えん》□《きょう》を□《か》い、今後は□《せつ》□《やく》。

③ □《いち》□《おく》□《い》□《じょう》□《いっ》□《ちょう》□《み》□《まん》の□《かず》は□《とう》□《ぜん》わかる。

④ □《せん》□《そう》に□《かん》する□《ぐん》□《たい》の□《はた》が見つかる。

⑤ □《けん》□《こう》のため　□《ろう》□《どう》の□《あと》は早い□《しょう》□《とう》。

四年生のまとめ⑵

□に漢字を書きましょう

名前

月　日

（答え⬇95ページ）

① □□□《しけんかん》を□□《かねつ》　□□《れいすい》が□《そこ》から上へ。

② □《め》を□《のこ》し　生長休む木の□□□□《かんさつきろく》。

③ □□《ふくしょく》の□□《やさい》の□□《しおあじ》　□□《えいよう》に□□□《むかんけい》。

④ □□□《しんきしゅ》で□□《とくべつ》な□□□《しようれい》の□□《せつめい》。

⑤ □□□《こうてんこう》　□□□□□《ほっきょくひこうびん》が□□《えいこく》を□□《しゅっぱつ》。

四年生のまとめ⑶

□に漢字を書きましょう

名前

月　日

（答え➡95ページ）

① □□《にゅうよく》する□《まご》□《な》き□《がお》が□《わら》い□《がお》に□□《へんか》。

② □□《ねんまつ》の□□□《しょうてんがい》□□《ふくびき》の□□《けいひん》は□□□□《しょうめいきぐ》。

③ □□《ねんがん》の□□《しきてん》□□《だいじん》の□□《しゅくじ》に□□《まんぞく》。

④ □□□《くまもとじょう》を□□《さんぽ》□《うめ》の□《かお》りに□《つつ》まれる。

⑤ □□□《ときょうそう》敬《けい》□□《ろうせき》に□□《しょうり》の□□《やくそく》。

四年生のまとめ⑷

□に漢字を書きましょう

名前

月　日

① □《とも》を□《かた》く□《しん》じ□□《きょうりょく》の□□《けっか》　□□《もくひょう》を□□《たっせい》。

② □□《たいさ》で□□《かんぱい》も□□《はんせい》し□□《ひっし》で□□《どりょく》。

③ 山が□《つら》なる□□《こと》□□《なら》へ　□□《もくてき》は□□《とざん》。

④ □□《ぎいん》は□□□□《おおさかふみん》に□□《せんきょ》で□□《かいせん》された。

⑤ □□《さくじつ》（きのう）　□□□《そつぎょうしき》に□□《さんか》し、お□《いわ》いの□□《がっしょう》。

（答え➡95ページ）

四年生のまとめ⑸

□に漢字を書きましょう

名前

月　日

（答え➡95ページ）

① □□《さいしん》の□□□□《いんさつきかい》で□□□《たんこうぼん》を□《す》る。

② □□《しゃくや》の□□《たてもの》は□□《そとがわ》の□□《ざいりょう》が□《まつ》だ。

③ □□□《しかいしゃ》の□□《しめい》を□《か》いた□□《なふだ》を□《うしな》う。

④ □□□《しがけん》□□《ぐんぶ》の□□《しゅうへん》に□□《そうこ》を□《た》てる□《あん》。

⑤ □□《ふりょう》のときに□□□□《りくじょうしごと》□□□□《きぼうしゃ》□□《ぞくしゅつ》。

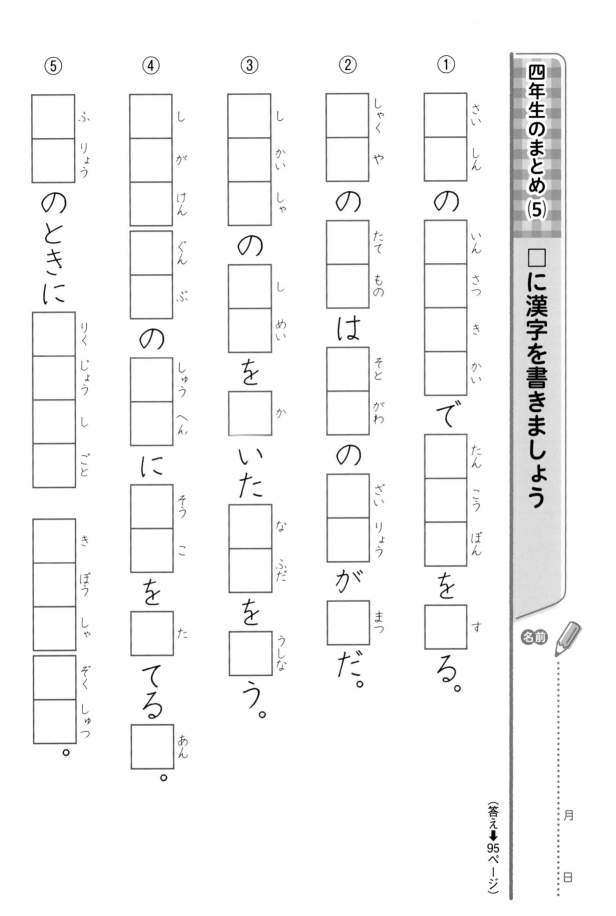

四年生のまとめ⑹

□に漢字を書きましょう

名前　　月　　日

（答え⬇96ページ）

①　□《え》□《ひめ》□《けん》□《でん》□《せつ》の□《ゆう》□《しゃ》の話を□《なか》□《よ》く読む。

②　□《か》□《がわ》のため□《いけ》今年□《さい》□《てい》の□《すい》□《りょう》に□《たっ》する。

③　□《いばら》□《き》□《けん》□《あさ》い□《たに》の□《せい》□《りゅう》□《し》□《き》□《おり》々《おり》の□《けい》□《かん》。

④　□《しず》かに□《れん》□《しゅう》□《か》□《だい》は□《にい》□《がた》の□《ひつ》□《じゅん》。

⑤　□《しょう》□《か》□《き》□《かん》の□《びょう》□《き》□《なお》すため□《けっ》□《せき》の□《じ》□《どう》。

四年生のまとめ⑺

□に漢字を書きましょう

（答え➡96ページ）

名前　　月　　日

① □□□《ふくいけん》、□□□《ひょうごけん》、□□□《さいたまけん》の□□《いち》を□《おぼ》える。

② □□《ひだりがわ》にご□《はん》□《お》くのが□□《きゅうしょく》の□□《さほう》。

③ □《す》に□《かえ》る鳥の□□《たいぐん》が□《と》ぶ□□《ゆうや》けの□□《ぼくじょう》。

④ □□□《ながさきけん》、□□□《さがけん》、□□□□《かごしまけん》は□□《きゅうしゅう》にある。

⑤ □□《おかやま》から□□《とくしま》まで□□《かもつ》を□《はこ》ぶ指□《しれい》。

四年生のまとめ⑻

□に漢字を書きましょう

名前

月　日

（答え➡96ページ）

① 円の□《はん》□《けい》から□《めん》□《せき》を□《もと》める。

② □《おき》□《なわ》の□《はく》□《ぶつ》□《かん》で□《ねっ》□《たい》□《ち》□《ほう》の□《すい》□《がい》の□《けん》□《きゅう》。

③ □《と》□《やま》□《けん》の□《ぎょ》□《こう》□《ふ》□《きん》に□《そう》□《こ》が□《た》った。

④ □《おっと》が□《とう》□《ひょう》で□《じゅう》□《よう》な□《やく》□《いん》に□《えら》ばれた。

⑤ □《とち》□《ぎ》、□《やま》□《なし》、□《ぎ》□《ふ》、□《かく》□《けん》の□《とく》□《さん》□《ぶつ》。

答え

〈まとめ(1)　87ページ〉
① 愛犬　共　訓練　輪　芸　初　成功
② 大量　衣類　望遠鏡　買　節約
③ 一億　以上　一兆　未満　数　当然
④ 戦争　関　軍隊　旗
⑤ 健康　労働　後　消灯

〈まとめ(2)　88ページ〉
① 試験管　加熱　冷水　底
② 芽　残　観察記録
③ 副食　野菜　塩味　栄養　無関係
④ 新機種　特別　使用例　説明
⑤ 好天候　北極飛行便　英国　出発

〈まとめ(3)　89ページ〉
① 入浴　孫　泣　顔　笑　顔　変化
② 年末　商店街　福引　景品　照明器具
③ 念願　式典　大臣　祝辞　満足
④ 熊本城　散歩　梅　香　包
⑤ 徒競走　敬老席　勝利　約束

〈まとめ(4)　90ページ〉
① 友　固　信　協力　結果　目標　達成
② 大差　完敗　反省　必死　努力
③ 連　古都　奈良　目的　登山
④ 議員　大阪府民　選挙　改選
⑤ 昨日　卒業式　参加　祝　合唱

〈まとめ(5)　91ページ〉
① 最新　印刷機械　単行本　刷
② 借家　建物　外側　材料　松
③ 司会者　氏名　書　名札　失
④ 滋賀県　郡部　周辺　倉庫　建　案
⑤ 不漁　陸上仕事　希望者　続出

〈まとめ(6) 92ページ〉

① 愛媛県 伝説 勇者 仲良
② 香川 池 最低 水量 達
③ 茨城県 浅 谷 清流 四季折々 景観
④ 静 練習 課題 新潟 筆順
⑤ 消化器官 病気 治 欠席 児童

〈まとめ(7) 93ページ〉

① 福井県 兵庫県 埼玉県 位置 覚
② 左側 飯 置 給食 作法
③ 巣 帰 大群 飛 夕焼 牧場
④ 長崎県 佐賀県 鹿児島県 九州
⑤ 岡山 徳島 貨物 運 指令

〈まとめ(8) 94ページ〉

① 半径 面積 求
② 沖縄 博物館 熱帯地方 水害 研究
③ 富山県 漁港 付近 倉庫 建
④ 夫 投票 重要 役員 選
⑤ 栃木 山梨 岐阜 各県 特産物

【参考資料】

＊本書の漢字解説は以下の資料を参考にさせていただきました。

『インデックスフォント今昔文字鏡プロフェッショナル版』（紀伊國屋書店）
『漢字のなりたち物語』阿辻哲次（講談社）
『漢字の字源』阿辻哲次（講談社）
『漢字の謎解明講座』（日本漢字検定協会）
『漢字百話』白川静（中央公論新社）
『ことばのしるべ』（学校図書）
『字通』白川静（平凡社）
『字統』白川静（平凡社）
『常用字解』白川静（平凡社）
『白川静『文字講話』シリーズ』監修白川静（文字文化研究所）
『白川静式小学校漢字字典』小寺誠（フォーラム・A）
『新潮日本語漢字辞典』（新潮社）
『青銅器の世界』パンフレット（白鶴美術館）
『説文解字』許真（中国書店印影本）
『例解小学漢字辞典』（三省堂）
『Ｓｕｐｅｒ日本語大辞典全ＪＩＳ漢字版』（学習研究社）